UNVEIL

UNVEIL

언베일

우리가 사랑하는 명품의 비밀

이윤정 지음

SAY KOREA

현장現場에는 강한 힘이 있습니다. 끊임없이 새롭고 다채로운 일들이 벌어지며 생동합니다. 이윤정 선배는 현장을 좋아했습니다. 호감을 넘어 애정과 관심으로 깊이 파고들었습니다. 늘 꼼꼼하게 현장을 살폈고, 달라진 점과 나아진 점 그리고 아쉬운 점을 날카롭게 짚어내 가장 정확하고 흥미롭게 전달해 왔습니다.

그녀가 취재해 온 명품 업계는 환상이 실제가 되는 곳입니다. 명품 브랜드를 동경하는 이가 많아질수록, 럭셔리 제품에 대한 갈망이 커질수록 명품 업계는 그만큼의 환상을 품어 실체로 부화시킵니다. 『UNVEIL』은 이러한 명품 업계의 현장과 이면을 수십 년간 취재하고 지켜봐온 기자가 이에 관해 이야기한 첫 번째 시도입니다. 명품 업계의 브랜딩, 산업에 관한 종합적인 시각, 현명한 접근, 명쾌한 분석을 담고 있습니다. 명품을 사는 소비자뿐만 아니라 명품 업계에서 일하고자 하는 사람들, 현재 이 업계에 종사하는 이들에게도 매우 유용한 책이 될 것입니다.

_강승민 까르띠에 코리아 마케팅커뮤니케이션 본부장

'명품'이라는 수식어가 점점 더 범람해가는 시대다. 이제야말로 그 의미와 본질에 대한 깊은 이해가 필요한 시점이다. 저자는 수십 년간의 경험과 치밀한 분석을 바탕으로 럭셔리 브랜드의 본질을 탐구해 왔고, 그 통찰을 이 책에 담아냈다. 『UNVEIL』은 럭셔리의 진정한 가치를 알고자 하는 이들, 럭셔리에 대한 깊이 있는 시각을 갖고자 하는 이들에게 훌륭한 길잡이가 되어줄 것이다.

_송태검 보피 스튜디오 서울 대표

럭셔리 브랜드의 가치는 단지 희소성에서 비롯되는 것이 아니다. 그 안에 담긴 장인 정신과 문화적 가치 그리고 헤리티지가 다층적으로 작용하여 그 가치를 끌어올린다. 『UNVEIL』은 럭셔리 브랜드가 어떻게 성장하며 어떻게 고객에게 사랑받는지를 깊이 있게 탐구하여 그 본질을 명확하게 보여주는 책이다. 이윤정 편집장은 지난 30년간 비약적인 발전을 이룩한 국내 럭셔리 시장을 가장 가까이서 지켜보며 기사로 써왔고, 실제 업계에서 체득한 인사이트를 바탕으로 이 책을 집필했다. 럭셔리 브랜드에 관심이 있다

면, 진정한 럭셔리가 무엇인지 알고 싶다면 이 책을 꼭 읽을 것을 강력히 추천한다. 분명 새로운 시각과 영감을 얻을 수 있을 것이다.

_이진수 부쉐론 코리아 사장

〈노블레스〉의 이윤정 편집장을 알고 지낸 지는 벌써 20년이 넘었다. 늘 똑 부러지며 쿨한 에디터이자 수장이었던 그녀의 첫 저서는 그 모습처럼 명쾌하고 품위 있었다. 『UNVEIL』은 명품의 본질과 럭셔리 브랜드의 다양한 측면을 탐구하여 밝힌 책이다. 명품의 핵심 요소를 고급스러움, 혁신적인 디자인, 장인정신, 신뢰로 이어지는 기술력 등으로 정리했다. 또 하이 주얼리와 하이엔드 시계처럼 예술 작품 같은 제품들이 럭셔리한 경험을 어떠한 방식으로 제공하는지 설명했다. 고급스러운 라이프스타일과 품질을 중요시하는 사람들이라면 큰 도움이 될 것이다. 한편으로 각 명품 브랜드의 특징과 정체성을 소개했고, 브랜드의 ESG 경영에 관해서도 설명하여 이들이 지속가능한 방식으로 발전하고 있음을 보여준다. 또 예술과 문화를 접목하고, 창의적이며 놀라운 경험을 개발하여 제공하는 브랜드의 프로젝트를 일목요연하게 풀어 브랜딩 전략에 관한 궁금증도 해소시켜 준다. 명품과 명품 브랜드에 관해 알고 싶은 사람에게는 최고의 책이라 할 만하다.

_최문영 프라다 코리아 대표

전 세계 명품 시장에서 한국은 특히 고객의 수준이라는 면에서 최고 수준에 있다고 해도 과언이 아니다. 한국 명품 시장의 성장기에 그 도약의 궤적을 오랜 기간 꼼꼼하게 기록해 온 사람이 바로 이윤정이다. 그녀는 가장 영향력이 큰 명품 매체의 편집장으로서 명품의 본질과 브랜드가 가지는 힘의 근원에 대해 그 누구보다 깊이 탐구해 왔고, 객관적이고 현실적인 시각으로 분석해 왔다. 『UNVEIL』은 단지 시장을 보고 이야기하는 것을 넘어 가장 최전선에서 수많은 명품의 스토리를 고스란히 경험한 그녀의 생생하고 깊이 있는 견문록이다. 브랜드의 내부자와 외부자의 시각을 균형 있게 제시한, 아주 드문 관찰인 것이다.

_한승헌 에르메스 코리아 대표

UNVEIL
: 우리가 몰랐던 럭셔리 브랜드의 비밀

2023년은 내가 기자로서 럭셔리 브랜드를 취재한 지 정확히 30년이 되는 해였다.

저널리스트인 말콤 글래드웰Malcolm Tymothy Gladwell은 저서 『아웃라이어』(2008)에서 특정 분야의 전문가가 되기 위해서는 1만 시간의 연습이 필요하다고 말했다. 나 역시 1만 시간을 훌쩍 넘겨 럭셔리 브랜드와 제품을 다뤄왔으니 이에 대해 어느 정도는 안다고 여겨왔다.

그렇지만 이제 돌아보니, 나는 이 분야를 '잘 안다'기보다는 '꾸준히 지켜봐왔다'라고 말하는 편이 적절하겠다는 생각이 든다. 1990년대 중반부터 시작된 럭셔리 브랜드 열풍을 지나 한국은 럭셔리 시장의 중심에 우뚝 올라섰고, 이제는 K-컬처와 글로벌 럭셔리 브랜드가 동반 성장을 이뤄가고 있다. 나의 일은 그 역사의 현장을 목격하고, 기록하며, 그 의미를 찾아내는 것이었다.

『UNVEIL』은 그 가운데서 특히 럭셔리 브랜드의 활동과 제품이 한국 사회의 구성원들과 어떤 케미스트리를 만들어왔는지, 그것이 우리에게 어떤 의미를 가지는지에 관해 이야기한 책이다. 럭셔리 브랜드라는 개념이 아직 생소하던 시절부터 럭셔리가 일상의 일부가 된 지금까지 나는 그 변화의 과정을 기록으로 남겨왔다. 그러면서 각 럭셔리 브랜드의 역사와 철학을 넘어 자신의 정체성을 만들고 유지하려는 집요한 노력, 품질과 이미지를 동시에 향상시키려는 창의성, 그저 제품이 아닌 시대의 아이콘이 되기 위한 전략적 사고를 발견할 수 있었다. 여기에 지금까지 내가 럭셔리 브랜드에 대해 품어왔던 궁금증을 엮어 다음의 네 가지 질문으로 정리했다.

♠ 명품의 본질은 무엇인가?

♥ 럭셔리 브랜드의 브랜딩 전략은 어떠한 방식으로 작용하는가?

♦ 우리는 명품에 무엇을 기대할까?

♣ 럭셔리 브랜드는 우리의 삶을 어떻게 바꾸어왔는가?

이 질문들의 답을 찾아보고 책으로 정리하는 과정은 마치 퍼즐을 맞춰가는 듯 흥미로웠고, 럭셔리 브랜드의 정체와 의미를 더 명확하게 이해하는 계기가 됐다.

아는 만큼 보이고, 이해의 폭이 넓어질수록 애정도 깊어지는 법이다. 럭셔리 브랜드와 제품에 관심을 갖고 그 가치를 제대로 알고자 하는 사람들에게 이 책이 작은 해답이자 새로운 탐구의 출발점이 되기를, 그리고 그 과정에서 알아가는 기쁨을 누릴 수 있기를 바란다.

이제 럭셔리 브랜드가 만든 신비하고 아름다운, 치밀하고 정성스러운 세계로 함께 떠나보자.

목차

WHAT
IS
LUXURY?

명품이란 무엇인가?

LUXURY
BRANDING

제품 너머의 진짜 명품, 럭셔리 브랜딩

LUXURY OF LUXURY

고객을 사로잡은 럭셔리 중의 럭셔리

LUXURY & LIFESTYLE

변화하고 확장하는 럭셔리 브랜드

WHAT IS LUXURY?

I

명품이란 무엇인가?

명품이라
불리고 싶다면

우리가 흔히 '명품'이라 부르는 제품들의 본래 명칭은 'Luxury'다.
이 단어는 '호사'와 '사치품'을 뜻한다.
그런데 '사치'라는 말에 우리가 떠올리는 의미는 '분에 넘치는 소비'다.
럭셔리 제품을 사고파는 이들에게는 그리 달갑지 않은 용어일 테다.
그래서 사치를 대신할 말이 선택되었으니, 바로 '명품'이다.
이는 '예술작품에 비견될 정도로 뛰어나고 이름난 제품'을 의미한다.
우리는 언제부터 럭셔리 제품을 '명품'이라 부르기 시작했을까?
시기는 대략 1990년대 초반이다.
1989년부터 해외여행이 자유화되면서
국내 소비자들이 해외 제품을 접할 기회가 늘어났다.
또 사람들의 소득 수준이 높아지고 라이프스타일에 대한 관심도
증가하면서, 90년대 초반 무렵 국내에 들어오기 시작한
럭셔리 브랜드에 관한 흥미도 자연스럽게 상승했다.
이때부터 럭셔리 제품을 이르는 용어로 '명품'이 사용되기 시작했고
오늘날까지 널리 쓰이고 있다.

명품의 조건은
무엇일까?

럭셔리 브랜드의 제품은 디자인과 품질 면에서 여타 제품보다 우월한 것이 많았기 때문에 이를 명품이라 부르는 것은 자연스러운 일이었다. 그런데 이 용어는 어느새 럭셔리 제품을 넘어 여기저기서 사용되기 시작했다. 일상용품, 학원, 아파트 등 온갖 곳에서 '명품'이라는 단어가 주는 고급스러운 이미지를 가져다 쓰며 본래의 뜻이 희석되기에 이르렀다.

"대체 무엇을 명품이라 부를 수 있는 건가요?"
"명품의 조건은 무엇인가요?"

내가 「노블레스」의 에디터로 지내며 가장 자주 들었던 질문이다. 질문을 받고 곰곰이 생각해 봤다. '명품'이라는 말이 붙을 수 있는 조건은 무엇일까? 그리고 내가 정리한 조건은 다음과 같다.

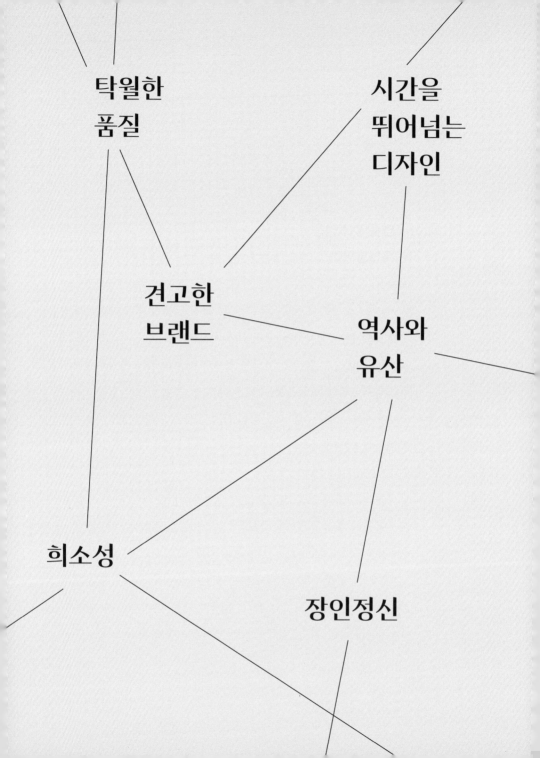

탁월한
품질

시간을
뛰어넘는
디자인

견고한
브랜드

역사와
유산

희소성

장인정신

이 조건들에 부합하는 럭셔리 제품 중 하나가 샤넬CHANEL 2.55 백이다. 이 핸드백은 샤넬의 설립자인 가브리엘 샤넬Gabrielle Bonheur 'Coco' Chanel이 1955년 2월에 내놓은, 금색 체인 스트랩이 달린 퀼팅 숄더백이다. 그 시기 여성들은 외출 시 소지할 가방으로 대개 손에 드는 클러치 백을 사용했는데, 가브리엘 샤넬은 여성의 손을 자유롭게 만들자는 의도로 어깨에 걸칠 수 있는 가방을 만들었다. 실제로 이 가방은 여성들에게 큰 호응을 얻으며 빠르게 퍼져나갔다. 2.55 백은 이후 다양한 컬러와 소재 그리고 크기로 변주되었지만, 그 원형의 디자인은 변하지 않은 채 지금까지도 제작되고 있다. 만약 가브리엘 샤넬이 그저 '당시 트렌드를 따라 예뻐 보일 만한' 핸드백을 선보였다면 이렇듯 오랫동안 인기를 구가할 수 있었을까? 나는 그녀가 가방에 담아낸 시대를 초월한 의도와 메시지가 우아한 디자인 및 품질과 맞물려 지금까지 생명력을 발휘하고 있다고 생각한다.

여성 핸드백의 명품을 거론할 때 절대 빠지지 않는 브랜드가 에르메스Hermès다. 에르메스의 '켈리 백'은 모나코의 공비였던 그레이스 켈리Grace Patricia Kelly의 이름에서 따온 것이다. 본래 이 백의 이름은 '프티 삭 오트 아 크루아Petit Sac Haut à Courroie'였는데, 그레이스 켈리가 빨간 악어가죽으로 만든 이 가방으로 임신한 배를 가린 사진이 「LIFE」에 실리면서 '켈리 백'으로 불리기 시작했다.

에르메스의 '버킨 백' 역시 가수 겸 배우인 제인 버킨Jane Mallory Birkin의 이름에서 따온 것이다. 이 백이 만들어진 유래가 전해지는데, 1984년 당시 에르메스의 회장이었던 장 루이 뒤마Jean-Louis Robert Frédéric Dumas가 비행기 안에서 우연히 제인 버킨을 만났다. 그녀가 뒤마 회장에게 "마음에 드는 가죽 가방을 만나기가 어렵다."라고 토로하자 회장이 즉석에서 버킨 백의 디자인을 그려냈다.

버킨 백이 가지는 위상은 유명 미국 드라마인 〈섹스 앤 더 시티〉의 한 장면에서 확인할 수 있다. 등장인물인 사만다가 에르메스 매장에서 "가방 하나 사려고 5년을 기다려야 한다고요?"라며 불평하자, 직원이 다음과 같이 대답한다.

"그냥 가방 하나가 아니에요.
이건 버킨이라고요."

럭셔리 브랜드가 갖는
힘의 근원

어떤 사람을 알아갈 때 가족을 만나면 더욱 신뢰가 깊어지는 일이 있다. 내 경우에는 럭셔리 제품을 만든 본사를 취재하면서 브랜드와 제품에 관한 신뢰가 굳건해지곤 했다.

1990년대 중반에 뱅앤올룹슨BANG & OLUFSEN은 국내 하이엔드 오디오 시장을 장악했다. 지금까지도 손에 꼽히는 브랜드이며, 최근에는 오디오 외에 하이엔드 TV도 선보이고 있다.

몇 년 전에 뱅앤올룹슨의 본사를 방문할 기회가 있었다. 덴마크의 작은 도시 스트루어에 도착한 때는 늦은 저녁이었다. 하룻밤을 자고 다음 날 아침부터 뱅앤올룹슨 본사의 여러 파트와 박물관을 둘러봤다.

혁신적인 기능과 첨단 디자인을 장착한 최신 제품을 둘러보는 것도 흥미로웠지만, 뜻밖에 내 눈길을 끈 곳은 '직원 식당'이었다. 식당 한쪽 벽에 지금까지 이곳에서 일한 직원들의 사진 1,200여 장이 걸려 있었다. 그 30미터짜리 벽은 인테리어로는 도저히 꾸며낼 수 없는 아우라를 뿜어냈다. 다음으로 뱅앤올룹슨 뮤지엄에 이르렀는데, 안내를 맡은 여성은 본사에서 정년 퇴임한 여성이었다. 그녀가 들려주는 설명 한마디 한마디에서 더없는 애사심이 느껴졌다. 브랜드의 가치를 만들어내는 것은 단지 제품만이 아님을 깨닫게 된 순간이었다.

파리 포부르 생토노레 24번지에는 에르메스 박물관이 있다. 이곳에는 '에밀 에르메스 컬렉션'이라고 불리는 아이템들이 전시되어 있다. 창립자 티에리 에르메스Thierry Hermès의 아들인 에밀 에르메스Charles-Emile Hermès가 평생 고객이나 세계 각지로부터 모아들인 것들이다. 이는 투자나 개인적인 수집 목적이 아니라 오직 '영감을 줄 수 있고, 실용적이며, 말[馬]과 관련된 제품'이라는 기준을 충족시키는 제품으로 구성되어 있다. 나는 문화유산 디렉터인 메네울 드 바젤레르 뒤 샤텔르 Ménéhould de Bazelaire du Chatelle에게 그 수집품들에 관한 설명을 들을 수 있었다. 그녀는 이렇게 말했다.

> "이곳은 영감을 위한 정원이며,
> 과거는 미래를 위한 선물입니다."

나는 그녀의 말에 깊이 매료됐다. 그때껏 '과거의 유산'을 그토록 우아하고 의미 있게 전달하는 사람을 만나본 적이 없었다.

뱅앤올룹슨 식당의 직원 사진과 에르메스 박물관의 컬렉션은 '럭셔리 브랜드가 가지는 힘의 원천이 무엇인가'를 생각하게 했다. 오랜 시간 제품을 만들어온 직원을 소중히 여기고, 켜켜이 쌓은 과거가 새로운 영감의 샘이 되는, 그래서 이를 바탕으로 미래를 만들어갈 수 있는 브랜드라는 신뢰감을 강하게 느낄 수 있었다.

범접할 수 없는 퀄리티와 가격을 보유한 제품이 곧 명품으로 통용

뱅앤올룹슨 뮤지엄

되던 시절이 있었다. 물론 그 개념은 여전히 유효하다. 그러나 럭셔리 브랜드들은 '명품'이라는 타이틀을 유지하는 조건의 중심축을 시대에 따라 이동시켜 왔다. 명품은 어느 분야, 어느 시대에나 존재한다. 그러나 실제로 오래도록 명품의 조건을 만족시키는 브랜드와 제품은 생각보다 많지 않다. '명품'이라는 용어는 더 신중하게 쓰일 필요가 있다. 이제 나는 다음의 명제를 만족시키는 브랜드야말로 명품이라고 생각한다.

에르메스 뚜껑 백
©Jack Davison

명품은
하루아침에
만들어지지
않는다.

디테일이
격의 차이를 만든다

명품을 다루는 잡지에서 일하며 지금까지
'프레스티지 브랜드'라고 불리는 수많은 기업과 브랜드들을 만나왔다.
이들이 나를 가장 놀라게 하고 감명 깊게 만든 지점이
무엇이었는가 하면, 바로 '디테일에 대한 집착'이었다.
그들은 '더 이상 디테일을 추구하기는 어렵지 않을까'라는
생각이 들 정도로 완벽을 추구하곤 했다.
그 모습을 지켜보며 디테일이란 사소한 듯하지만 핵심적이며,
늘 보이지는 않지만 이미지나 콘셉트의 일관성을 유지하는 데
중추적인 역할을 담당한다는 사실을 확인할 수 있었다.
1990년대 중반 이후 국내로 진출한 럭셔리 브랜드들은
우리가 머리로만 알고 있었던 디테일의 중요성을 실제로 체감하게 했다.
국내 소비자에게 제품 만족도에 관한 새로운 기준을 부여했으며,
국내 기업들에도 변화를 불러일으켰다.

제품에 반짝임을
부여하는 순간

　프레스티지 브랜드의 제품은 그 가격이 매우 비싸다. 그런 만큼 소
비자는 '완벽한 제품'을 기대한다. 디자인부터 만듦새, 마무리, 패키지
까지 평범한 브랜드와는 비교할 수 없는 수준의 것을 요구한다. 고객
의 기대치를 잘 알고 있는 브랜드들은 제품의 완성도에 심혈을 기울
이고 이를 구현하기 위한 최적의 도구로 '디테일'을 사용한다. 그리고
디테일로 유명한 카테고리를 손꼽아보자면, 가장 먼저 떠오르는 것은
하이 주얼리와 하이엔드 시계다.

　예전에 불가리BVLGARI의 대표 컬렉션인 세르펜티 브레이슬릿을
착용해 볼 기회가 있었다. 손목을 적게는 한 번, 많게는 두세 번을 감
는 놀랍도록 유연한 구조에 먼저 놀랐다. 들뜨는 느낌 없이 피부에 착
감기는 느낌이 매혹적이었다. 가장 감탄스러운 것은 세르펜티를 구성
하는 요소들이었다. 내가 착용한 모델은 눈을 에메랄드로, 보디는 다
이아몬드로 촘촘히 장식한 것이었는데, 에메랄드가 정교하게 세공된

"디테일은
디자인의 핵심이다.
작은 것들이
큰 차이를 만든다."

렘 콜하스
Remment Lucas Koolhaas♠

♠ 프리츠커상을 수상(2000년)한 네덜란드의 건축가.

불가리 세르펜티의 세공 작업

눈은 숲속의 뱀처럼 서늘함이 풍기고, 다이아몬드는 미끄러지듯이 움직이는 비늘 같은 보디를 제대로 표현하고 있었다. 1948년 처음 선보인 이후 지금까지 불가리의 가장 오래된 컬렉션인 세르펜티가 베스트셀러 자리를 지키고 있는 이유는 그 대범한 디자인과 어우러진 세심한 세팅이라고 말할 수 있을 것이다.

사람의 디테일한 손끝이 절정을 이루는 부품 중 하나가 하이엔드 시계의 다이얼이다. 하이엔드 시계는 장인의 손으로 만들어지는 다이얼 장식이 각 브랜드의 개성을 강조한다. 이때 많이 사용되는 패턴 가운데 하나가 '기요세 패턴'으로, 정교하고 반복적인 기하학적인 무늬를 금속 표면에 새기는 공예 기술이다. 바쉐론 콘스탄틴VACHERON CONSTANTIN이나 브레게Breguet 같은 시계 브랜드에서 많이 찾아볼 수 있다. 워낙 작고 섬세한 다이얼 위에 무늬를 새기는 것이어서 숙련된 장인만 이 기술을 구사할 수 있다.

시계 브랜드 아틀리에를 방문하면 장인들이 작업하는 것을 볼 수 있는데, 조그마한 다이얼에 몰두한 눈빛에서 그 수고로움과 인내에 감탄하게 된다. 시간과 정성이 필요한 제품을 무한정으로 만들 수는 없고 제품을 원하는 사람은 여전히 많으니, 하이엔드 시계의 가격이 점점 올라가는 것에 수긍하게 된다.

바쉐론 콘스탄틴의 시계 장인

부분이 아닌
전체를 위한 여정

르네상스 3대 거장 가운데 한 사람인 미켈란젤로^{Michelangelo di Lodovico} ^{Buonarroti Simoni}는 이렇게 말했다.

"완벽함은 사소한 것들로 이루어져 있다.
하지만 완벽함 자체는 사소한 것이 아니다."

미켈란젤로의 말에 따르면 디테일이란 단지 일부를 부각하는 것이 아니라 전체를 완벽으로 이끄는 도구다. 프레스티지 브랜드의 디테일은 제품의 생산부터 패키징, 심지어 제품을 판매하는 장소에 이르기까지 모든 과정에 골고루 포진해 있다. 이때 각각의 디테일은 그 모습은 다르지만 제품의 퀄리티나 브랜드의 이미지를 구현하는 데 적재적소에 사용되며 전체적으로 일관된 목표를 추구한다.

1990년대 중반 무렵 디올^{DIOR}의 화장품 론칭 행사에 참석한 적이 있다. 멋진 프레젠테이션이 끝나자 디너가 시작됐다. 디너가 마무리될 즈음 디저트가 서빙됐는데, 작은 케이크를 둘러싸고 플레이트에 흩뿌려진 초콜릿 위로 'DIOR'이 새겨져 있었다. 지금 이 글을 읽는 사람들이라면 "그게 뭐 대수냐?"라고 말할 수 있겠다. 최근에는 행사의 처음부터 끝까지 브랜드를 강조하는 요소를 집어넣는 데 공을 들이는 것이 보기 드문 광경이 아니다. (어떤 브랜드는 디너 플레이팅으로 행사에 참석한 각 기자의 매체를 초콜릿으로 일일이 새겨주기도 했다.) 그러나 1990년대 중반에는 결코 흔한 일이 아니었다. 당시 누구도 본 행사 외에 디너의 마무리까지 깔끔하게 로고로 장식할 줄은 예상하지 못했다. 나는 아직도 디올 로고가 그려진 플레이트를 처음 봤을 때의 충격이 선명하다.

프레스티지 브랜드는 행사 초대장의 디자인에도 디테일을 신경 쓴다. 예전에 루이 비통LOUIS VUITTON은 컬렉션 초대장을 에피 라인♠

──────── **루이 비통의 가죽 케이스 초대장** ⓒ안지섭

♠ Epi Line. 가죽에 수평의 결 질감 패턴을 가공한 것. 햇빛 아래 물결치는 밀밭에서 영감을 받아 고안한 것으로 알려져 있다.

으로 만든 케이스에 넣어 보내준 적이 있다. 기성품이 아니라 별도로 만들어진 봉투 모양의 조그마한 케이스는 초대장의 내용을 떠나 그 자체로 루이 비통을 표현했다.

브랜드가 구사하는 디테일은 디너의 메뉴를 선정할 때도 쇼의 주제나 제품과의 관련성을 고려함으로써 발휘되곤 한다. 여기가 끝이 아니다. 간혹 임시로 만든 건물이나 야외에서 행사가 진행되기도 하는데, 간이 화장실에조차 자사의 비누나 로션 또는 향수를 준비해 두기도 했다. "이 행사를 마치기 전까지는 절대 우리 브랜드에서 벗어나실 수 없습니다."라는 목소리가 귓가에 들리는 듯했다.

한번 상상해 보자. 디올의 새로운 컬렉션을 보기 위해 디올 로고가 그려진 밴을 타고 쇼장으로 향한다. 프레스 키트Press Kit를 받아 보니 브랜드 로고와 이미지가 가득하다. 쇼가 끝난 후 디자이너의 유니크한 컬렉션까지 감상한 다음, 디너 테이블에 앉으니 무슈 크리스챤 디올Christian Ernest Dior이 좋아했던 장미가 장식되어 있다. 잠시 메이크업을 고치러 간 파우더 룸에는 '미스 디올'이나 '쟈도르' 같은 향이 기다리고 있다. 나는 어느새 디올이 디테일로 구성한 세계 속에 있는 것이다.

브랜드가 이미지를 유지하고 완성하기 위해 디테일에 들이는 노력은 끝이 없다. 탁월한 품질을 가진 제품을 생산하는 것은 기본 중의 기본이고, 제품이 마지막으로 고객에게 전달되는 순간까지도 방심하지 않는다. 모 호텔의 선물 코너에서는 고객이 선물을 주문하면 호텔의 유니폼을 입은 직원이 직접 배달을 가서 정중하게 전달했다. 부담스럽지 않냐고? 하지만 그 정도는 해야 신경 썼다고 할 수 있지 않을까? 물론 브랜드들이 구사하는 넘치는 디테일이 가끔은 의아할 때도 있었다. 그러나 그 모든 것이 '브랜드의 정체성 구현'이라는 목표를 향해 나아가고 있음을 느끼고 나서는 디테일이 갖는 의미를 찾는 것이 더욱 즐거워졌다.

디테일은 점들이 모여 하나의 그림을 구성하는 것과 같다. 제품의 아이디어를 떠올린 순간부터 고객이 사용하기 전의 모든 단계에 적용되는 특별하고 일관된 디테일은 브랜드의 세계관에 입장하기 위한 관문이나 다름없다.

지금은 제품의 로고가 새겨진 유니폼, 배달 차량과 기프트까지 곳곳에서 브랜드의 DNA를 통합적으로 전달하는 기업들이 많아졌다. 소비자들 또한 여기에 익숙해져서 웬만한 디테일의 수준에는 눈도 깜짝하지 않게 됐다. 그렇지만 현재의 이러한 모습은 프레스티지 브랜드가 끈질기게 디테일을 추구해 온 결과다. 디테일의 차이가 격의 차이를 만들어낸다는 사실을 다른 산업과 분야에서도 알게 된 것이다. 예나 지금이나 꾸준히 디테일에 공을 들이는 브랜드들의 모습에는 박수를 보내지 않을 수 없다.

가장 아름다운 것은
사람의 손끝에서

제품을 만드는 작업의 수준이 거의 예술가에
이른 사람을 '장인匠人'이라 부른다.
그리고 럭셔리 브랜드가 제품을 홍보할 때
자주 내세우는 요소 중 하나가 '장인정신'이다.
단순히 수공예로 만들었다는 사실뿐 아니라
그 분야의 숙련된 전문가가 공들여 만들었다는 점을 강조한다.
반클리프 아펠Van Cleef & Arpels에서는 숙련된 장인들을 황금 손 Mains d'Or이라
부를 정도로 '장인의 솜씨'를 제품의 비결로 꼽는 것을 주저하지 않는다.
그런데 럭셔리 브랜드는 어째서 장인의 솜씨와 장인정신을
그토록 강조하는 것일까?

브랜드에서
장인이 가지는 존재감

하이엔드 시계 브랜드를 취재하면 절대 빠지지 않는 코스가 공장이나 공방을 방문하여 장인들의 작업 과정을 견학하는 것이다. 브랜드는 이 일정이야말로 자신의 정체성을 보여주기에 가장 확실한 기회라고 여긴다.

고급 시계 브랜드일수록 장인들은 최첨단의 환경 속에서 일한다. 스위스 시계 브랜드 장인의 아틀리에에 가보면 눈처럼 하얗고 깨끗한 실내에 커다란 창으로 스위스의 산자락이 한눈에 들어온다. 장인들은 환한 자연광을 배경으로 세밀한 작업을 수행한다.

숙련된 장인들은 평균적으로 20~30년을 하나의 브랜드에서 근무한다. 물론 이름난 장인은 다른 브랜드가 스카우트하는 경우도 있지만, 대개는 한 군데서 오래 근무하는 편이다. 몇몇 시계와 주얼리 브랜드는 아예 자체적으로 학교를 설립하여 장인을 꾸준히 키워낸다. 한 사람의 숙련된 장인이 자리 잡기까지 오랜 시간이 걸리므로 체계적인 교육이 필수다. 견습생들은 학교에서 숙련된 장인에게 도제식으로 교육받으며 전문가로 성장한다.

　브랜드들이 장인의 교육과 성장에 긴 시간과 금액을 투자할 만큼 이들에게 장인의 존재는 필수적이다. 스위스 하이엔드 시계 브랜드의 한 관계자는 장인의 역할을 다음과 같이 강조했다.

　"하이엔드 시계에서 장인이 갖는 역할은 거의 전부라고 감히 말할 수 있습니다. 제품을 비즈니스로 키워내는 마케팅, 홍보, 영업 등의 활동은 물론 필요합니다. 그러나 하이엔드 시계라는 아이템의 정체성을 결정짓는 요소는 결국 제품의 생산입니다. '사람이 손으로 만든다'는 특성이 빠지면 하이엔드라는 말을 붙일 수 없습니다."

　그는 또 이렇게 말했다.

　"각각의 장인이 미학적인 탁월함과 기계적 우수성을 어떻게 협동하여 조화를 이루어내는지도 중요한 부분입니다. 지금은 기계나 디지털을 이용하여 아름다운 제품을 많이 만들어낼 수 있습니다. 이럴수록 사람의 숙련된 기술로 만들어내는 아름다움이 더 필요합니다. 기계로만 치우치지 않는, 일종의 균형을 위한 선택이기도 하죠."

하이엔드 시계의 다이얼 장식 기법이나 주얼리 브랜드의 젬스톤 세공 기법은
여문 사람의 손끝 말고는 도저히 구현하기 어렵다.
불가리 세르펜티 컬렉션의 디테일과
까르띠에Cartier 팬더panthère 컬렉션의 털을 표현할 수 있는 것은 사람의 손뿐이다.
루이 비통의 트렁크 손잡이와 모서리 부분도 사람의 손이 아니고는
그토록 정교하게 마무리되기 어렵다.
로로 피아나Loro Piana의 캐시미어 니트 역시
장인이 수작업한 캐시미어로 만들어진다.

불가리의 하이 주얼리 세공

장인정신의
가치

나는 지금껏 취재를 통해서 수많은 장인을 만났다. 대부분 자신이 만든 제품과 브랜드에 놀라울 정도의 자부심을 지니고 있었다. 특히 스페셜 오더 제품을 만드는 장인들의 자부심은 예술가의 그것과 별반 다르지 않았다. 독창적인 디자인을 제품이라는 실체로 가장 잘 구현해 낼 수 있는 것은 오직 자신뿐이라는 자부심이었다.

한 땀 한 땀 사람의 손으로 바느질하여 디자인 하나당 소량만 완성되는 오트 쿠튀르 패션, 에나멜로 정교한 무늬를 그려 넣어 마치 그림처럼 보이는 시계 다이얼, 200여 시간을 세팅에 몰입하여 완성되는 하이 주얼리 네크리스 등 사람이 손으로 만드는 제품은 대량으로 찍어낼 수 없기에 희소성을 가질 수밖에 없고, 수작업의 미감이 완벽할수록 그 가치가 더욱 높아진다.

세계 여러 도시에서 행사를 여는 브랜드들은 자주 본사에서 장인을 데려와 작업을 시연하는 프로그램을 선보이곤 한다. 작업 과정을 홀린 듯 보노라면 럭셔리 제품에 지불하는 금액이 단지 물건의 값만은 아니라는 점을 알게 된다. 우리는 제품만이 아니라 장인의 '정성'과 '자부심'까지 구매하는 것이다. 이처럼 장인정신은 럭셔리 브랜드에게 제품 생산의 기본이면서도 정서적인 공감대까지 이끌어낸다.

디올의 프레스티지 화장품은 7세대의 개량 과정을 통해 탄생한 장미인 '로즈 드 그랑빌Rose de Granville'을 핵심 원료로 삼아 만들어진다. 장미의 생명력이 순간적으로 절정에 달하는 봄날의 단 하루, 그중에서도 동틀 무렵에 오직 사람의 손으로 꽃을 일일이 수확한다. '정성'과 '인내'라는 두 가지 요소로 이루어지는 작품들은 감히 기계가 대량으로 찍어내는 제품과 견줄 수 없다. 프리미엄을 지향할수록 더욱 필요해지고 희귀해지는 것이 '사람의 손'이다.

장인의 전통을
잇기 위하여

그렇다면 대체 어떤 사람들이 장인이라 불릴 수 있는 것일까? 까르띠에 하이 주얼리 공방 디렉터로 일한 자비에 가르가Xavier Gargat는 장인의 자질을 다음과 같이 설명했다.

"제가 이 일을 오래 할 수 있었던 이유는 무엇보다도 '열정'입니다. 그 일을 하고 싶다는 열망이 가장 중요합니다. 재능도 무시할 수 없습니다. 상상만으로 일이 이루어지는 것은 아니니까요. 자신의 한계를 아는 것도 중요합니다. 열심히 한다고 모든 일을 성취할 수 있는 것은 아닙니다. 좋아하는 일을 할수록 자신에게 냉정해져야 합니다."

가르가는 장인이라는 호칭을 얻기 위해서는 충분한 열정과 재능, 끊임없는 자기검열이 필요하다고 말했다. 여기에 전문성을 쌓기 위한 노력과 시간 역시 꼭 필요하다. 그렇지만 요즘 사람들 가운데 장인이 되기를 꿈꾸는 이를 찾아보기는 쉽지 않다.

에디터 초창기 시절에 국내의 전통 공예 장인을 취재하는 일을 맡은 적이 있다. 도자기, 목각 제품, 한지 염색 등 다양한 전통 제품을 만드는 장인들을 찾아가 그 제품을 만드는 비결을 알아보는 기획이었다. 취재 이후 공예의 비결보다 더 잘 알게 된 것은 장인들이 처한 현실이었다. 그들은 대부분 접근이 쉽지 않은 한적한 교외에 공방이나 작업실을 두고 있었고, 소수를 제외하고는 쏟아붓는 정성과 그들의 가치에 비해서 사회적으로나 경제적으로 적절한 대우를 받지 못하고 있었다. 또 많은 장인이 '다음에 대를 이을 제자를 찾기 어렵다.'라는 아쉬움을 토로했다. 자신은 좋아서 시작한 일이고 사명감도 갖고 있지만, 이 길을 자녀에게 강요할 수는 없는 노릇이며 배우겠다고 찾아오는 이도 극히 드물다고 깊은 한숨을 내쉬곤 했다. 그들이 만든 섬세하고 독창적인 작품들을 보며 나 역시 안타까움을 느꼈다.

역사와 전통을 가진 이탈리아와 프랑스의 럭셔리 브랜드는 가업으로 시작해 세계적인 기업으로 성장한 곳이 적지 않다. 이들은 가문의 비결을 대대로 공유하며 브랜드의 DNA를 만들었다. 자손 대대로 전해져 온 기술 혹은 비법은 당연히 브랜드의 가장 큰 무기가 되었다. 그런데 이러한 럭셔리 브랜드들도 점차 장인을 구하는 데 어려움을 겪고 있다. 앞서 몇몇 브랜드는 학교를 세워 장인을 길러낸다고 언급했다. 한 사람의 견습생이 장인으로 인정받기까지는 오랜 세월이 걸리는데, 이 또한 젊은 장인들의 숫자가 줄어드는 이유다. 십수 년 동안의 반복된 트레이닝 후에야 겨우 전문가가 될 수 있다는 사실이 빠르게 성취를 이루고 싶은 세대에게 장벽으로 작용하는 것이다. 자비에 가르가는 또 이렇게 말했다.

──── 프라다PRADA 핸드백을 제작 중인 장인

"유럽의 젊은이들은 점점 더 손을 사용하는 일을 기피하고 머리를 쓰는 일에만 몰립니다. 취직이 잘되는 학문이나 진로를 찾는 데 노력을 들이고 있어요."

가르가는 일찍이 할아버지와 아버지를 따라 자연스레 장인의 길에 들어섰고 44년 동안 일했다. 그의 솜씨가 바로 까르띠에 하이 주얼리의 경쟁력이었다. 그러나 유명 브랜드들조차 점점 장인을 구하기가 어려워지면서, 숙련된 장인을 얼마나 보유하고 있느냐가 브랜드의 경쟁력을 가늠하는 척도가 되고 있다.

이러한 와중에 쇠락해 가는 장인들을 위해 발 벗고 나선 브랜드가 있다. 바로 샤넬CHANEL이다. 샤넬은 '메티에 다르Métiers d'Art' 프로젝트를 통해 전 세계의 뛰어난 공방을 인수하거나 투자하여 장인들이 고유한 기술을 꾸준히 발전시킬 수 있도록 돕고 있다. 자수 공방 르사쥬LESAGE, 깃털 장식 공방 르마리에Lemarié, 금속세공 공방 구센GOOSSENS, 슈즈 공방 마사로MASSARO가 대표적이다. 놀라운 기술을 보유하고 있어도 펼쳐 보일 무대가 없다면 얼마나 안타까울까. 샤넬은 2002년부터 특별한 수공예 기법을 이용한 패션 컬렉션을 선보이고 있다. 이 컬렉션은 파리 외의 여러 나라와 도시에서 열리는데, 각 도시의 문화적인 영감을 컬렉션에 접목시키는 것도 특징이다.

샤넬의 활동이 놀라운 점은 자사 제품을 생산하는 일에만 주력하지 않는다는 점이다. 각 공방의 기술이 필요한 기업이나 브랜드가 있

다면 어디든 협업을 진행한다. 지난 2021년에는 파리 19구에 복합공
간인 'Le 19M'을 오픈하여 샤넬이 소유한 40여 개의 공방 중 11개를
이곳에 입주시켜 각 공방 간의 협업을 더욱 활발히 할 수 있는 토대를
마련했다. 장인의 전통을 지속시키기 위한 샤넬의 통 큰 결정이 아닐
수 없다.

　앞으로 장인의 전통을 잇기 위한 브랜드들의 노력이 더욱 확대되
기를, 그래서 제품과 브랜드 가치의 핵심인 장인정신이 유구히 이어
지기를 기대해 본다.

패션은 사라지지만
스타일은 영원하다

'스타일이 있다.'라는 말은 요즘 시대에
가장 반가운 칭찬 가운데 하나다.
자신만의 독특한 분위기와 취향이 있다는 말이기 때문이다.
샤넬 스타일, 에르메스 스타일, 디올 스타일, 생 로랑SAINT LAURENT 스타일,
프라다 스타일….
하이 패션에 관심이 있는 사람이라면 이러한 단어를 언급했을 때
머릿속에 브랜드마다의 고유한, 어떤 구체적인 이미지가 떠오를 것이다.
수많은 럭셔리 브랜드가 저마다 개성 있는 스타일을
확립하기 위해 고심한다. 스타일이 확고한 브랜드는 그 자체로
고유한 스타일의 대명사가 되곤 한다.
이렇듯 브랜드가 하나의 스타일이 되는 순간,
사람들은 브랜드의 이미지와 정체성을 구구절절 듣지 않아도
저절로 이해하게 된다.

천천히,
그러나 견고하게

우리가 '어떤 스타일'이라고 부르는 것은 꾸준히 쌓아온 역사와 노력의 결과물이다. '역사'라고 해서 '반드시 몇십 년 이상 지속해야 한다'라는 절대량을 가지는 것은 아니지만, 어느 정도의 시간이 필요한 것은 사실이다. 스타일은 시간을 두고 축적해 온 디자인과 퀄리티, 그리고 이것이 통합된 이미지가 모여 만들어지기 때문이다.

최근 관심을 끌고 있는 드뮤어 룩♠을 보면 저절로 떠오르는 브랜드가 있다. 에르메스와 로로 피아나다. 드뮤어 룩은 올드머니 룩처럼 유행을 타지 않는 품격 있는 실루엣과, 입는 사람만이 느낄 수 있는 탁월한 촉감의 소재를 이용한다. 드뮤어 룩이라는 말에 저 브랜드들이 연상되는 것은 그들이 일찌감치 자신의 스타일을 하나의 형식으로 확립했기 때문이다.

♠　Demure Look. '차분한'이라는 뜻으로 얌전하면서 과하지 않게 옷을 입는 것을 의미한다.

"스타일이란
말하지 않고도
당신이 누구인지
표현하는 방법이다."

레이철 조♠
Rachel Zoe

♠ 할리우드에서 활동하는 스타일리스트이자 디자이너.

브랜드들은 매년 컬렉션과 신제품 및 다른 많은 요소를 통해 소비자들에게 일관된 콘셉트를 차근차근 전달한다. 반짝하고 마는 트렌드가 스타일이 되는 일은 흔하지 않다. 몇몇 브랜드는 새로운 디자이너나 크리에이티브 디렉터가 부임할 때마다 디자인이 변화무쌍해지곤 하는데, 얼마 전까지 절제된 실루엣을 자랑하던 브랜드가 갑자기 아방가르드한 디자인으로 바뀌면 고객들이 혼란을 겪는다. 정체성의 혼란은 브랜드의 입지를 약하게 만들고 스타일의 확립을 요원하게 만든다. 고객의 경험은 옷에서부터 로고, 패키지와 매장 전반에 이르는 일관된 스타일을 통해 브랜드의 감성을 오롯이 느끼는 방식으로 작동한다. 스타일이 계절마다 또는 해마다 바뀐다면 온전한 브랜드의 매력을 느끼기란 어려울 수밖에 없다.

스타일은
시각화된 콘셉트다

잡지나 미디어에서 신작 시계를 기사화하면 종종 다음과 같은 묘사를 발견할 수 있다.

'이번 신제품은 까르띠에 특유의 스타일을 표현했다.
까르띠에 미학의 정체성을 재확인하는 순간이었다.'

이런 표현은 독자가 세련됨과 혁신적이라는 말로 표현할 수 있는 까르띠에 스타일을 알고 있다는, '암묵적인 동의'가 전제되어 있어야만 가능하다.

사람들은 화려하고 대담한 주얼리를 보면

"불가리 스타일이다."

라고 말하는 일이 제법 있다.
영감이 넘실대는 로마를 배경으로
드라마틱한 디자인에 컬러가 강렬한 제품을
꾸준히 소개해 온 불가리가 얻은 '명예'다.

압도적인 스타일을 보여주는 불가리의 2024 에테르나 컬렉션 크리에이티브 이미지(좌, 우)

스타일은 단순히 보여지는 차림새를 말하는 것이 아니다. 스타일 이란 '시각화된 콘셉트'다. 유행과는 다르게 그 자체로 브랜드의 정체 성과 이미지를 대변할 뿐 아니라 차별화된 감각을 전달하고 충성 고 객을 사로잡는 중심이자 비결이라고 말할 수 있다.

'여성스럽고 우아한 룩'이라고 하면 어느 브랜드가 떠오르는가? 내 경우엔 디올과 샤넬이다. 물론 둘의 스타일은 다르다. 디올은 무슈 디올이 내놓은 '뉴 룩New Look'처럼 격조 있고 우아한 느낌이 연상되고, 샤넬은 장식적이면서도 모던한 여성스러움이 느껴진다. 그러나 두 브 랜드는 창립자의 DNA를 유지하면서도 동시대적인 디자인과 감성을 유연하게 추가한다는 점이 닮았다. 무슈 디올에서 마리아 그라치아 치우리Maria Grazia Chiuri에 이르기까지, 가브리엘 샤넬에서 고故 칼 라거 펠트Karl Lagerfeld와 마티유 블레이지Matthieu Blazy에 이르기까지, 각 시대를 진두지휘한 디자이너는 달랐어도 스타일은 흔들리지 않았다는 점 또 한 공통적이다.

여성스러움과 함께 지적이면서 진취적인 디자인을 말할 때는 프 라다를 지나칠 수 없다. 마리오와 마르티노 프라다Mario & Martino Prada 형 제가 만든 가죽제품 판매점이었던 프라다는 2차 세계대전 이후 경기 침체가 찾아오자 쇠퇴 일로를 걸었다. 그러나 마리오의 손녀인 미우 치아 프라다Miuccia Prada 여사가 가업을 물려받은 뒤, 기존의 가죽 소재 대신 '포코노 나일론Pocono Nylon'이라는 소재로 새로운 스타일을 내놓 으며 혁신과 재기에 성공했다. 미우치아 프라다의 삶과 그녀가 추구

지적이고 세련된 스타일을 대표하는 프라다의 2025 S/S 여성 컬렉션 룩

한 '이성적이고 세련된 스타일'은 강인하고 독립적인 여성의 사회적 이미지 그 자체였다. 이러한 이미지는 영화로 더욱 유명해진 소설 『악마는 프라다를 입는다』의 제목과 캐릭터에까지 활용됐다.

스타일을 완성하는
애티튜드

브랜드는 자신이 구축한 스타일을 대중들에게 명료하게 확인시키는 방법으로 '셀러브리티'를 활용하곤 한다.

최근에 불가리를 대표하는 앰배서더로 활동한 블랙핑크의 리사 Lalisa Manobal, 앤 해서웨이 Anne Jacqueline Hathaway 와 젠데이아 Zendaya Maree Stoermer-Coleman 는 별처럼 빛나는 스타들이다. 그런데 흥미로운 점은 과거 불가리의 뮤즈였던 엘리자베스 테일러 Elizabeth Rosemond Taylor 와 소피아 로렌 Sofia Costanza Brigida Villani Scicolone 이 여전히 회자된다는 사실이다. 요즘 셀러브리티 속에서 이처럼 옛 셀러브리티가 소환되는 연유는 무엇일까? 바로 사그라지지 않는 스타일 때문이다. 엘리자베스 테일러와 소피아 로렌의 매혹적이고 대담한 눈빛과 태도는 그 자체로 브랜드의 일부인 것처럼 지금도 불가리의 스타일을 대변한다.

에르메스는 가수 제인 버킨의 이름을 딴 '버킨 백'을 출시했다. 이러한 일이 가능했던 것은 그녀의 이미지가 브랜드 스타일과 접점을 갖고 있어서다. 제인 버킨의 무심한 듯하지만 고도의 계산이 깔린 심플하면서도 자유로운 패션은 클래식하면서도 캐주얼한 면을 동시에 가진 버킨 백과 훌륭하게 어우러졌다. 하나 더, 아티스트로서 그녀가 보여준 솔직하고 당당한 태도는 에르메스가 진정성을 내재한 품위 있는 브랜드임을 표현하기에 더할 나위 없었다.

고개를 약간 숙이고 조용히 다른 사람의 말을 경청하는 듯한 표정을 자주 지었던 고故 다이애나Diana Frances Spencer 왕세자비妃는 겸손하면서도 우아한 태도로 사람들의 뇌리에 각인되었다. 그녀가 공식 행사에서 자주 애용한 레이디 디올 백에는 여성스러우면서도 자신감 넘치던 그녀의 이미지가 중첩되곤 한다.

앞서 든 예는 스타일이 그저 옷과 가방 등 제품만으로 완성되지 않는다는 사실을 보여준다. 스타일에는 디자인만큼이나 '분위기와 태도'가 크게 작용한다. 흔히 옷이나 액세서리를 고를 때 TPO Time, Place, Occasion를 고려해야 한다고 하는데, 애티튜드도 반드시 챙겨야 할 덕목이다. 예전에 디올의 메이크업 크리에이터인 티엔Tyen을 만나 질문을 던진 적이 있다.

"디올의 이번 신제품을 사용할 때 가장 중요한 점은 무엇이죠?"
"메이크업을 마친 후 내가 갖는 자신감이죠."

그의 대답은 아무리 훌륭한 제품이라도 착용했을 때의 자신감과 자연스러움이 태도로서 드러나지 않는다면 매력이 반감된다는 사실을 의미했다.

애티튜드는 각 브랜드가 자사에 어울리는 셀러브리티를 선정하는 데도 필수 조건이다. 앰배서더는 단지 당대의 최고 스타라고 해서 선정되는 것이 아니다. 많은 브랜드가 이구동성으로 "적합한 셀러브리티를 찾기 어렵다."라고 하는 데는 다 이유가 있다. 브랜드의 앰배서더는 해당 브랜드의 옷과 제품을 잘 소화해야 하는 것은 기본이고, 그 브랜드 특유의 분위기와 태도를 지니고 있어야 한다. 앰배서더로 독특한 아우라를 가진 셀러브리티가 주로 선정되는 것은 그 때문이다.

우리가 브랜드를 스타일로 인식하려면 몇 가지 요건이 필요하다. 꾸준하게 추구해 온 핵심 콘셉트가 있어야 하고, 브랜드의 분위기와 태도를 실체화한 듯한 선명한 매개체가 있어야 하며, 그러면서도 적절한 변화를 통해 정체된 느낌을 주지 말아야 한다. 이 조건을 충족한다면 긴 역사를 지니고 있지 않아도 한 시대를 풍미하는 스타일로 인정받을 수 있다.

광풍처럼 단기간에 트렌드를 휩쓰는 스타일과 브랜드도 물론 존재한다. 그러나 수십 년 후 머릿속에 선명한 이미지가 떠오르지 않는다면 '진정한 스타일'로서 존재한다고 보기 어렵다. 더군다나 스타일을 완성해 주는 애티튜드마저 발견하지 못한다면 한낱 유행으로 그치고 말 것이다.

"패션은
사라지지만
스타일은
영원하다."

이브 생로랑
Yves Saint Laurent

'진짜'는 눈보다
몸이 먼저 안다

오늘날 K뷰티의 세계적인 유행은 예전부터 강력한
로컬 화장품 브랜드를 보유해 왔던 역사와 관련이 깊다.
1990년대 중후반 무렵,
수많은 해외 화장품 브랜드가 국내로 쏟아져 들어왔다.
이 시기 프랑스와 스위스 등 유럽의 브랜드는 차별화된 품질과 이미지로
'프레스티지 화장품'이라는 상품군을 형성하면서
로컬 화장품 브랜드의 자리를 위협했다.
프레스티지 화장품의 대명사로 일컬어지는 라프레리 la prairie, 디올,
에스티 로더 ESTÉE LAUDER, 샤넬, 겔랑 GUERLAIN, 시세이도 SHISEIDO,
끌레드뽀 보떼 clé de peau Beauté 등은 자사가 독자적으로 개발한 성분과
기술력으로 놀라운 제품을 연달아 내놓았다.
당시 연일 론칭되는 프레스티지 화장품의 미려한 비주얼과 콘셉트에
매혹되던 나는 어느덧 새로운 사실을 깨달았다.
아름다움을 궁극의 목적으로 삼는 화장품 브랜드야말로
튼튼한 과학적인 바탕 위에 자리 잡고 있었다.
즉 아름다움과 과학 기술은 대척점에 있는 것이 아니라
필연적인 조력자이며, 미학을 추구하는 브랜드 역시 기술력을
갖지 못하면 고객의 신뢰를 얻을 수 없다는 사실이었다.

미학이냐
과학이냐

2000년대 초반 나는 일본의 화장품 브랜드인 시세이도가 내놓은 고급 스킨케어 라인 '퓨처 솔루션'의 론칭 행사에 참석하기 위해 도쿄를 찾았다. 그 행사는 시세이도의 새로운 시도와 도전을 담고 있었다. 영문을 택한 라인 이름, 프레젠테이션을 일본인이 아닌 서양인이 진행한 것 등은 아시아와 일본의 테두리를 벗어나 글로벌로 진출하고자 하는 시세이도의 염원과 포부를 보여주었다.

당시 출장에는 시세이도의 연구소를 방문하는 일정이 포함되어 있었다. 그때만 해도 시세이도는 나에게 눈처럼 하얀 얼굴에 붉은 립스틱을 칠한 갸름한 얼굴의 모델이 떠오르는, 정적이고 섬세한 이미지로 기억되고 있었다. 그런데 일정에 따라 연구소를 찾아 연구원과 이야기를 나누고 연구 결과를 듣다 보니, 기존에 떠올렸던 여성의 얼굴 대신 혁신적인 기술력으로 무장한 시세이도의 모습이 점차 각인되기 시작했다.

프레스티지 화장품들이 국내에 상륙하던 초기에는 브랜드를 대표하는 제품과 모델을 앞세워 감각적인 비주얼과 콘셉트로 아름다움을 설파하는 데 주안점을 두었다. '과학과 기술'을 앞세우는 것은 뷰티 업계의 정점인 화장품 브랜드가 취할 전략이 아니라고 생각했던 것이다.

그런데 이와는 다른 행보로 주목받은 브랜드가 있다. 라 메르LA MER는 크렘 드 라 메르를 출시하며 하얀 도기 스타일의 용기에 담백한 패키지를 선보였다. 이때 라 메르는 유명 모델 대신 '나사의 과학자가 만든 화장품'이라는 광고 문구와 스토리를 내세웠다. 항공우주 물리학자이자 과학자인 맥스 휴버Max Huber 박사가 실험 중 사고로 화상을 입으면서 이를 치료하기 위해 피부 재생 성분을 찾는 데 몰두했으며, 12년간 6,000여 번의 실험을 진행하는 과정에서 해양 식물의 치유력을 알게 되고, 크렘 드 라 메르의 핵심 성분인 '미라클 브로스Miracle Broth™'를 발견하게 되었다는 것이다. 이제는 잘 알려진 브랜드 스토리지만 처음 소개되었을 때는 여타 브랜드와는 색다른 접근 방식으로 신선함을 주었다. 지금도 라 메르는 초기의 이미지를 유지하며 첨단 과학에 바탕을 두는 고급 화장품의 이미지를 이어가고 있다.

라 메르의 크렘 드 라 메르

충성 고객을 만드는
브랜드의 기술력

화장품을 고를 때 첫 번째 기준으로 브랜드의 독자적인 성분이나 기술력을 꼽는 사람은 그리 많지 않다. 이때는 브랜드 이미지나 주변의 입소문 등이 크게 작용한다. 그러나 한번 사용한 이후에는 실제 경험을 토대로 재구매 여부를 결정하게 된다. 이때 가장 중요하게 작용하는 것이 브랜드의 기술력이다. 화장품을 사용할 때의 촉감과 흡수력, 그리고 사용 이후에 느끼는 효과야말로 탁월한 기술력이 좌우하기 때문이다.

럭셔리 브랜드 화장품의 소비가 늘어나고 소비자의 경험이 쌓여가면서 브랜드의 홍보 전략에도 변화가 생겼다. 과거에는 제품을 불문하고 브랜드의 전체적인 이미지와 콘셉트에 집중했다면, 이후로는 브랜드의 독자적인 성분과 기술력을 강조하는 형태가 늘어나기 시작했다. 이러한 모습을 가장 잘 발견할 수 있는 제품군이 '스킨케어'다. 2000년대 중반부터 국내에 불어닥친 코스메슈티컬♠ 화장품의 바람도 화장품과 피부과학의 연관성에 더욱 관심을 갖게 만들었다.

2019년 랑콤LANCÔME의 베스트셀러 제니피끄의 제3세대 제품인

♠ Cosmeceutical. 화장품cosmetics과 의약품pharmaceutical의 합성어. 피부 재생, 주름 개선, 미백 효과 등 의학적으로 검증된 기능성 성분을 포함한 화장품을 일컫는 말이다.

뉴어드밴스드 제니피끄의 론칭 행사에 참석했을 때의 일이다. 초대장에 적힌 행사 제목부터 심상치 않았다. '랑콤 스킨케어 심포지엄'. 브랜드 역사상 처음 개최하는 심포지엄이었다. 파리 인류박물관 내 행사장은 마치 콜로세움처럼 원형으로 벽 가장자리를 좌석이 둘러싸고 중앙에서 패널이 스피치를 하는 구조를 하고 있었다. 행사의 진행은 과학자이자 작가인 비비엔 페리Vivienne Parry가 맡았고, 지난 15년간 해당 연구를 진두지휘한 로레알L'ORÉAL R&I 마갈리 모로Magali Moreau 박사, 랑콤 사이언스 디렉터 베로니크 델바인Véronique Delvigne 박사 등을 위시해 UC 샌디에고 피부학과 리처드 갈로Richard Gallo 교수, 홍콩 시티 대학 패트릭 리Patrick Lee 교수 등 많은 과학자가 패널로 참석했다.

──────── 랑콤 제니피끄 세럼

이날의 주제는 뉴 어드밴스드 제니피끄의 핵심을 이루는 '마이크로바이옴Microbiome'이었다. 마이크로바이옴은 미생물Microbe과 생태계Biome의 합성어로 미생물군유전체를 뜻한다. 우리 몸에 사는 미생물 및 유전 정보를 통칭한다. 이 연구는 피부과학 분야에서는 게놈 연구와 맞먹을 정도로 뛰어난 접근이자 연구라고 일컬어진다.

그간 랑콤은 프랑스를 대표하는 화장품 브랜드로서 우아한 장미를 모티프로 품격 있고 친근한 이미지를 가져왔다. 대표 모델로는 이사벨라 로셀리니Isabella Fiorella Elettra Giovanna Rossellini, 줄리아 로버츠Julia Fiona Roberts 그리고 릴리 콜린스Lily Jane Collins를 기용함으로써 매우 여성스러운 이미지 또한 전달해 왔다. 그러나 당시의 심포지엄은 랑콤이 그간 쌓아온 피부과학 분야 기술력에 대한 자신감을 분출한 행사였다고 해도 과언이 아니었다.

마갈리 모로 박사는 인터뷰에서 "초창기에는 과연 마이크로바이옴이 연구할 만한 가치가 있는 것인지 확신하기 어려웠습니다."라고 털어놓았다. 그렇지만 랑콤은 9개의 마이크로바이옴 연구센터와 50여 명 이상의 마이크로바이옴 연구원을 두고 15년간 5억 개가 넘는 실험 데이터를 수집했으며 57회의 임상 연구를 진행했다. 랑콤은 2029년까지 마이크로바이옴 연구에 대한 특허를 보유한다. 이후에는 다른 브랜드에서 이와 유사한 연구 결과와 이를 활용한 제품을 내놓을 것이다. 그럼에도 마갈리 모로 박사의 표정은 여유로웠다. 그리고 랑콤의 역할은 단지 매출로 경쟁자를 앞서는 것이 아니라 피부과학의 선구자로 신뢰를 얻는 것이라고 밝혔다.

피부과학 기술을 논할 때는 디올도 빼놓을 수 없다. 디올은 일찍이 1986년 출시된 안티에이징 라인인 '캡처 토탈'에 줄기세포 연구를 접목했다. 디올은 줄기세포에 대한 연구를 진행한 첫번째 화장품 브랜드로 알려져 있으며, 줄기세포가 피부의 진피층에도 영향을 미친다는 것을 최초로 증명하기도 했다. 또 다른 대표 제품인 프레스티지 라인에는 디올이 독자적으로 생산하는 장미인 '로즈 드 그랑빌'을 원료로 사용한다. 장미의 강력한 치유력에 주목하여, 15년이 넘는 시간 동안 4만여 종의 꽃을 연구하고 7세대의 개량 과정을 거쳐 직접 개발한 것이다.

디올에게 로즈 드 그랑빌이 있다면 샤넬에게는 까멜리아[동백꽃]라는 걸출한 스타가 존재한다. 가브리엘 샤넬이 사랑했던 까멜리아는 화장품에서도 톡톡히 제몫을 한다. 샤넬 연구소는 1995년부터 까멜리아를 연구해 왔으며, 200여 품종 중 레드 까멜리아의 차르 품종에서 '프로토카테츄산Protocatechuic acid'이라는 분자를 발견했다. 이 성분이 노화의 초기 징후를 예방하고 피부 활력을 돕는다는 연구 결과가 나오면서, 샤넬 스킨케어의 새로운 스타인 'N° 1 DE CHANEL'이 탄생할 수 있었다.

프레스티지 화장품을 결정하는
두 가지 요소

바쁜 아침을 시작으로 정신없는 하루를 보내고 난 뒤, 저녁 세안을 마치고 시작하는 스킨케어는 지친 자신을 달래주는 하나의 의례다. 아침과는 달리 천천히 단계별 스킨케어를 하는 시간에 필요한 것은 마음 깊은 곳까지 녹여주는 부드러운 텍스처와 은은한 향이다.

프레스티지 화장품이 가장 공들이는 부분이 바로 텍스처와 향이다. 나는 이 두 가지 요소야말로 프레스티지와 일반 화장품을 구분하는 결정적인 기준이라고 생각한다. 오랜 연구와 브랜드만의 기술력이 없으면 구현하기 어렵기 때문이다. 고급 화장품일수록 텍스처가 보드랍고 흡수력이 뛰어나다. 말 그대로 바르는 순간 미끄러지듯이 스며들고 오래 지속된다. 피부에 머무는 순간에 느껴지는 향도 중요하다. 향은 개인의 취향이 극명하기 때문에 브랜드에서도 호불호가 갈리지 않을 우아하고 고급스러운 향을 개발하기 위해 고심한다.

라프레리의 화장품은 질감과 흡수력에서 압도적인 기량을 보유하고 있다. 이는 브랜드가 보유한 나노 입자 기술에 기반한다. 입자가 작을수록 성분이 더욱 깊고 빠르게 흡수되는데, 특히 세럼이나 앰플 같은 제품에 나노 기술이 많이 활용된다.

겔랑의 대표 라인인 '오키드 라인'의 제품에서는 난을 떠올리게 하는 은은한 플로럴 향과 신선한 허브 향이 얼굴을 휘감으며 진정한 리추얼을 가능하게 만든다. 크림을 바른 얼굴을 두 손으로 감싸서 코끝으로 들이마실 때 전해지는 향이란…. 화장품의 역할이 미용만이 아니라 정서적인 영역까지 확대되는 기분이다.

설화수의 '자음생 크림'도 독특한 향으로 유명하다. 브랜드가 60년간 몰두해 온 인삼 과학이 응축되어 진세노이드^{TM}와 진생펩타이드^{TM} 성분을 담아 탄력 강화, 주름 개선, 피부 재생에 중점을 둔 제품이다. 그간 호불호가 갈렸던 인삼 향기를 누구나 즐길 수 있도록 개량했다.

럭셔리 브랜드 본사 관계자가 서울을 찾으면 함께 저녁 식사를 하곤 했다. 이따금 한국 화장품을 추천해 달라는 부탁을 해오는 경우가 있었는데, 모 주얼리 브랜드 마케팅 임원에게 설화수를 추천했더니 즐겨 사용한 것도 모자라 브랜드의 파리 숍에 이벤트로 설화수를 전시하여 나를 흐뭇하게 했다. 우리 로컬 화장품 브랜드들 역시 오랜 역사와 기술적 노하우, 높은 품질을 가지고 있다. 앞으로 더 많은 우리 브랜드와 제품들이 세상에 소개되어 전 세계인을 놀라게 하는 모습을 기대해 본다.

LUXURY
BRANDING

II

제품 너머의 진짜 명품,
럭셔리 브랜딩

취재는 핑계고:
라이프스타일의 전파

내가 대학을 다닌 시기는 배낭여행이 유행하기 전이었고,
해외여행 자유화가 된 지도 얼마 되지 않은 시점이었다.
그런 내게 '외국에 나간다'는 것은 매우 특별한 경험이었다.
그 기회는 내가 에디터가 되자마자 정말 느닷없이 찾아왔다.

취재의
목적

1993년, 나는 홀로 루이 비통의 '타이가 라인' 론칭을 취재하는 출장길에 올랐다. 한국의 모든 매체를 통틀어 오직 나만이 가는 출장이었다. 아직 애송이였던 나는 루이 비통에서 보내준 퍼스트 클래스 티켓과 일정표를 확인하자마자 당황했다. 5박 6일의 일정 중 행사 취재는 단 하루였고, 나머지는 여러 장소를 방문하거나 레스토랑에서 점심과 저녁 식사를 하는 일정이었다.

'이러면 대체 뭘 취재하라는 거지?'

취재의 목적만큼이나 나를 고민에 빠뜨린 것은 이벤트를 제외한 기나긴 일정에 갖추어야 할 옷차림이었다. '파리의 주요 명소를 방문하는 일정이니 꼭 포멀하게 입을 필요는 없겠지? 디너는 너무 캐주얼하면 곤란할까?' 따위의 생각을 하며 며칠 동안 이것저것 준비하고 마침내 출장길에 올랐다.

파리에서 열린 타이가 라인 론칭 이벤트는 전 세계 프레스가 참석한 가운데 루이 비통 특유의 화려하고 장엄한 분위기 속에서 진행됐다. 당시 타이가 라인은 짙은 녹색을 한, 남성을 위한 가죽 액세서리 제품으로 이루어져 있었다. 지금도 인기 있는 제품군이지만 첫 론칭 때 강렬한 레드 컬러의 조명 아래서 위용을 뽐내던 모습이 잊히지 않는다.

그러나 나를 브랜드에 가장 듬뿍 빠져들게 만든 것은 행사와 신제품이 아니었다.

초청의
목적

비행기에 오르는 순간부터 나는 브랜드가 보내준 퍼스트 클래스 티켓의 의미를 알게 됐다. 바로 엄선된 프레스를 초청하는 행사라는 메시지를 전달한 것이었다. 출장을 가 보면 어떤 브랜드는 항공사 탑승 카운터에 브랜드 로고가 박힌 카페트를 깔아두어 출발 전부터 기대감을 높이는 경우가 있었다. 장거리 비행을 마친 에디터들을 위해 공항에 내리자마자 마사지 프로그램을 준비해 두기도 했다. 처음엔 넘치는 배려가 아닌가 하는 생각도 했지만, 결과적으로는 매우 필요

루이 비통이 초청하는 행사의 경우
언제부터인가 가죽으로 만든 케이스에 호텔의 카드키를 넣어주었다.
호텔 키의 사이즈에 딱 맞고 컬러와 디자인이 감각적이어서 너도나도 기념품으로 챙겨 오곤 했다.

루이 비통의 세심함이 돋보이는 카드키 케이스 ⓒ안지섭

한 배려였다. 출장지의 숙소에 들어서면 웰컴 플라워와 함께 브랜드 관계자의 환영 인사를 담은 편지가 놓여 있기도 했다.

브랜드는 신제품 출시, 신규 매장 오픈, 정기적인 컬렉션 홍보 등의 목적으로 세계 각국의 언론들에 주요 행사의 초대장과 일정표를 보낸다. 이때 일정표에는 메인 행사 외에 그 도시나 지역을 돌아보는 프로그램을 넣어두는데, 일방적으로 정하는 것이 아니라 어떤 프로그램에 참여하고 싶은지 초청할 사람들에게 미리 물어본다. 프로그램은 도시의 유명 전시관 투어, 도시의 역사를 배우는 건축물 투어, 전설적인 인물의 생가 방문 등 다양하다.

루이 비통 출장에서 나는 파리 근교에 위치한 아니에르 공방을 방문하는 일정에 참가했다. 아니에르 공방은 트렁크를 중심으로 하여 특별주문 제작 상품을 만드는 곳으로, 책임자는 루이 비통 가문의 5대손인 파트릭 루이 비통Patrick Louis Vuitton이었다. 나는 아시아 퍼시픽 프레스와 팀을 이루어 그를 만나볼 수 있었는데, 공장 옆에 자리한 저택에서 이루어진 인터뷰 내내 그는 질문에 대한 답변 외에는 별다른 말을 하지 않고 파이프 담배를 문 채 우리를 조용히 응시했다. 그 모습이 브랜드 북에서 봐온 루이 비통 가문 조상들의 모습과 무척 흡사하여 깜짝 놀랐다.

브랜드가 제안하는 방문지 리스트는 길게는 수개월 전부터 신중하게 고른 목록에서 선정된 곳이다. 제품을 협업한 아티스트의 전시가 포함되기도 하고, 각국에서 오는 기자들을 위해 가장 핫하거나 반드시 둘러보아야 할 곳의 리스트를 제안한다. 이는 취재의 목적에도 부합하고 브랜드 자신의 목적에도 부합한다. 프레스 초청은 신제품과 행사뿐만 아니라 브랜드 자체를 전 세계에 알리기 위해 놓칠 수 없는 기회인 것이다.

보물찾기 같은
여정

출장의 처음부터 끝까지, 미처 알아차리지 못하는 장면에서도 '행사의 주제'는 포함되어 있다. 드러나지 않으나 톱니바퀴처럼 맞물려 돌아가는 장치들을 보물찾기하듯 발견하는 순간이야말로 출장의 백미다.

2005년에 에르메스가 향수인 '나일강의 정원'을 출시했을 때, 초청을 받아 파리에 모인 전 세계 에디터들은 다시 함께 비행기를 타고 이집트 도시 아스완으로 날아갔다. 비행기가 이륙하고 얼마 되지 않아 영화 한 편이 상영되었다. 애거서 크리스티 Agatha Mary Clarissa Christie Mallowan의 원작을 토대로 만든 〈나일강의 죽음〉(1978)이었다. 나는 영화와 신제품의 섬세한 연관성, 그리고 행사에 참석하러 가는 길에도 분위기를 조성하는 브랜드의 전략에 무릎을 쳤다.

향수의 론칭 행사는 나일강 강변에서 피크닉 형태로 진행됐다. 향수에 대한 소개는 없었고, 사람들은 여기저기 편한 곳에 삼삼오오 담요를 깔고 앉아 나일강의 바람을 즐기며 나무 바구니에 담긴 샌드위치와 와인을 즐겼다. 사실 에르메스는 '마케팅'이라는 단어를 사용하지 않는 브랜드로 유명하다. 목적을 드러내지 않고 에르메스에 젖어 들게 만드는 '기술'을 가지고 있는데, 역시나 향수 출시 이벤트에도 이를 사용했다. 피크닉이 끝난 뒤에는 잠시 아스완 시내를 돌아다닐 수 있는 시간이 주어졌다. 베이지색 사막의 도시가 시장에서 판매하는 형형색색의 스카프로 휘감기던 풍경이 지금도 머릿속에 선연하다.

반클리프 아펠은 2014년에 '포단 컬렉션'이라는 하이 주얼리를 론칭했다. 이를 취재하러 출장을 갔는데, 파리에 도착할 때까지도 신제품에 관한 자료를 전혀 얻을 수 없었다. 『포단Peau d'Ane』은 프랑스 아동 문학의 아버지 샤를 페로Charles Perrault가 1694년에 쓴, 당나귀 가죽을 소재로 한 유명한 동화 작품이다. '동화와 하이 주얼리라…' 나는 둘의 연관성을 쉽사리 가늠하기 어려웠다.

행사 당일은 비가 간간이 내렸고, 이벤트 장소인 샹보르 성까지는 자동차로 2시간이 걸렸다. 한국 반클리프 아펠 지사장과 담소를 나누며 가던 중, 그녀가 태블릿을 꺼내 영화 〈포단〉을 보여주었다. 영화감독 자크 드미Jacques Demy가 1970년에 제작한 작품으로 배우 장 마레Jean Alfred Villain-Marais와 카트린 드뇌브Catherine Deneuve가 주연을 맡은 영화였다. 사전 지식이 없어 불안하던 차에 천군만마를 얻은 것 같았다. 마침 하이 주얼리의 행사는 동화의 한 장면을 그대로 연출한 것이었기에 영화는 정말 큰 도움이 됐다. 스토리텔링을 중요하게 여기는 반클리프 아펠다운 접근과 소개라고 생각했다.

럭셔리 브랜드를 취재하는 출장은 '편안하고 호사스러운 경험'처럼 느껴질 수 있겠다. 하지만 여기에는 럭셔리 브랜드의 전략이 바탕에 깔려 있다. 전 세계의 프레스를 초청하여 제품 자체만이 아니라 그것을 사용하는 사람의 일상을 만끽하게 하고, 각국의 기자를 메신저로 삼아 브랜드가 제안하는 품격 있는 라이프스타일을 전파하는 것이다.

셀 수 없는 출장과 취재를 통해 얻은 것은 브랜드와 제품에 관한 정보만이 아니었다. 나는 글로벌 프레스와 업계 인사 및 VIP와 마주하면서 상대방을 배려하고 다름을 이해하는 태도, TPO에 맞는 옷차림과 매너를 익힐 수 있었다. 턱시도와 이브닝 드레스를 차려입어야 하는 'Black Tie'라는 드레스 코드도 처음엔 '이렇게까지 차려입어야 하나?'라는 생각이 들었지만, 이것이 VIP와 브랜드 간의 암묵적인 약속이고 행사를 위한 요소의 하나라는 점을 알게 되면서 '오버한다'라는 인식은 오래전에 사라졌다. 어느새 나는 브랜드가 만들어낸 문화 속에 한껏 빠져들어 있었다.

사람을 홀리는
'이야기의 힘'

이야기는 사람을 홀린다. 그게 남의 이야기면 더 재밌다.
사람들이 삼삼오오 모여 재미와 즐거움을 위해
나누던 수다와 의견은 오늘날 '입소문'이라는 이름으로
제품의 매출을 쥐락펴락하는 수단이 됐다.
대상이 무엇이든 그것을 둘러싼 이야기에
관심을 가지는 것은 '인간의 본능'이다.
럭셔리 브랜드는 일찍부터 '스토리'의 위력을 알아채고
브랜드와 주요 인물 및 제품에 관한 이야기를 차곡차곡 쌓아두었다.
그리고 필요할 때마다 상자 안에서 선물 꺼내듯 사람들에게 선사해 왔다.

스토리의
영향력

애플APPLE이 스마트폰으로 전 세계를 장악해 가던 즈음, 어느 럭셔리 브랜드의 한국 지사장과 이런 대화를 나눈 적이 있다.

"사람들이 아이폰을 많이 사용하는 이유가 뭘까요? 기능으로만 따지면 아이폰보다 우수한 핸드폰도 꽤 있을 텐데요."
"애플에는 서사가 있어요. 창업자인 스티브 잡스Steven Paul Jobs 개인의 이야기가 제품의 이미지로 자연스럽게 이어지죠. 애플을 사용한다는 건 스티브 잡스의 혁신을 이해하고 시대를 앞서가는 데 동참한다는 느낌을 갖게 해요."

지사장의 대답은 애플의 인기와 스토리의 힘에 관한 핵심을 꿰뚫고 있었다.
에디터 초기 시절인 1990년대 중반에 내가 자주 작성한 기사 주제는 각 브랜드의 '역사와 헤리티지'였다. 얼마나 자주 썼던지 나는 지금도 몇몇 브랜드의 창립 연도와 주요 제품의 출시 연도를 기억하고 있다. 당시 브랜드 스토리 작성의 목적은 소비자에게 브랜드를 각인시키기 위함이었다. 럭셔리 브랜드가 국내로 물밀듯이 들어오던 시점이어서 소비자들에게 각 브랜드의 개성을 인식시키며 제품의 탁월함을 전달하는 수단이 필요했고, 거기에는 브랜드 스토리만 한 소재가 없었다.

아무래도 브랜드의 역사가 짧으면 스토리로 삼을 만한 것이 별로 없다. 적어도 100년에 가까운 역사가 있어야 건질 만한 것이 있다. 소재는 창립 스토리나 배경, 창립자 개인의 이야기 등이 주를 이룬다. 당시 내가 브랜드 스토리를 조사하면서 놀랐던 점은 수십 년 전 창립자의 인사이트가 지금까지도 지배력을 발휘하고 있으며, 창립자의 말과 행동 그리고 취미에서 비롯된 제품이 여전히 인기를 유지하고 있다는 사실이었다. 몇몇 브랜드는 창업자의 이야기를 일종의 '신화'로 만들려나 싶을 정도로 추앙하기도 했는데, '과한 것 아니야?' 싶을 수 있지만 실제로 오랜 시간 작용하는 그들의 영향력을 보면서 어느새 고개를 끄덕이게 됐다.

브랜드에 향기를 입히는 스토리:
샤넬

누군가 내게 "많은 핸드백 브랜드 중 왜 샤넬을 선택하셨나요?"라는 질문을 한다면 나는 어떻게 대답할까?

"샤넬 백은 1950년대에 출시됐지만 지금도 세월을 뛰어넘는 디자인을 갖고 있죠. 거기다 겉은 물론 안까지 신경 쓴 제품이에요."

Nope. 틀린 말은 아니지만 내 본심은 아니다. 본심은 이렇다.

"제품도 물론 좋지만, 아무래도 샤넬이 가지는 이미지 때문이죠."

여성들의 폭발적인 애정 공세를 받는 샤넬은 '코코Coco'라는 예명으로 더욱 유명한 가브리엘 샤넬 여사의 스토리가 브랜드를 지탱한다고 해도 지나친 말이 아니다. 샤넬이 내놓은 옷, 핸드백, 향수, 화장품, 하이 주얼리, 그리고 시계 모두 탁월한 디자인과 품질로 유명하지만, 샤넬 여사의 스토리가 주는 이미지가 깔려 있지 않았다면 단지 '좋은 제품'에 머물렀을 가능성이 크다.

가브리엘 샤넬을 대표하는 패션은

'트위드 재킷'과 '스트라이프 셔츠'

그리고 '리틀 블랙 드레스'다.

그녀가 활동한 시대는

여성과 남성의 사회적 역할과 패션도

엄격하게 구분되던 시기였다.

그런데 그녀의 패션은 남성복에서 영향을 받아

여성복으로 재해석하여 혁신적인 발상을 보여준 제품이었다.

1926년 소개된 리틀 블랙 드레스는

'검은색은 상복에 쓰인다'는 인식을 뒤집고

일상적으로 입을 수 있는 세련되고 우아한 드레스로 소개됐다.

핸드백의 대명사인 '2.55 백'도

외출하는 여성의 손을 핸드백으로부터 자유롭게 만들고자

체인 숄더 스트랩을 장착한 형태로 출시됐다.

'N°5 향수'는 당시에는 잘 사용되지 않던

알데히드를 첨가하여 색다른 향으로 인기를 끌었다.

샤넬 여사가 만든 제품에는 이전까지의 관습과

관행을 전복시키는 도전적인 마인드가 자리하고 있었고,

시대를 뛰어넘는 디자인이 품질과 버무려져

'클래식하면서도 트렌디하고'

'여성적이면서 진취적인' 이미지를 형성했다.

가브리엘 샤넬이 보여준 창조적이고 혁신적인 디자인의 근원은 무엇이었을까? 많은 이들이 어릴 적 그녀가 잠시 살았던 오바진 수녀원에서의 경험을 지목한다. 어린 가브리엘 샤넬의 눈에 비친 스테인드글라스와 단순한 선을 가진 건축물은 그녀에게 심미적인 영향을 끼쳤고, 샤넬 제품의 주요한 모티프로 자주 등장했다. 매일 아침 미사에 가기 위해 걷던 긴 복도 바닥의 별 장식은 그녀에게 선명한 기억을 남겼던 듯하다. 이는 그녀의 첫 하이 주얼리 컬렉션인 '비쥬 드 디아망'에서 다이아몬드로 장식된 별 모양의 목걸이로 표현됐다.

　샤넬 작품의 모티프 가운데 자주 보이는 이미지 중 하나가 '사자'다. 1919년에 샤넬 여사의 연인이었던 아서 '보이' 카펠Arthur 'Boy' Capel 이 교통사고로 사망하자, 슬픔을 달래기 위해 방문한 이탈리아 도시 베네치아에서 도시를 상징하는 사자 문양을 보고 영감을 받은 것으로 알려져 있다. 또 샤넬 여사의 별자리가 사자자리인 것도 영향을 미쳤으리라는 추측도 지지를 얻는다. 이러한 배경을 모르고 봤다면 '사자[Lion]'와 '별[Comète]'이 샤넬의 옷과 주얼리에 자주 등장하는 이유를 그저 다양한 디자인적 시도 가운데 하나로 치부했을 것이다.

제품에 애착을 주는 스토리:
까르띠에

    소비자가 제품을 구매할 때 처음부터 제품에 얽힌 이야기를 알고 선택하는 경우는 그리 많지 않다. 그보다는 제품이 매력적이라 구매했는데, 나중에 그 제품이 만들어진 배경이나 제품에 곁들여진 이야기를 알게 되며 애정이 더욱 깊어지곤 한다.

    까르띠에에는 걸출한 시계공이자 기업가였던, 창업주의 손자 루이 까르띠에Louis Cartier와 그가 만든 제품에 관한 이야기가 여러 가지 있다. 그는 선대로부터 물려받은 보석회사 까르띠에의 사업을 시계 분야로도 확장했다.

    1904년에 디자인된 '산토스'는 루이 까르띠에가 친구이자 비행사인 산토스 뒤몽Alberto Santos-Dumont을 위해 제작한 제품이다. 산토스 뒤몽이 비행 중에 주머니에서 회중시계를 꺼내어 시각을 확인하는 것이 어렵다고 토로하자 루이 까르띠에가 손목에 차는 형태의 시계를 만들어준 것이다. 산토스는 세계 최초의 파일럿 시계이자 현대적인 손목시계의 효시가 됐다. 1911년 대중에게 공식적으로 선보인 산토스는 당시까지도 회중시계를 주로 사용하던 남성들 사이에 손목시계가 주류로 자리 잡는 계기를 만들었다.

산토스 드 까르띠에 스켈레톤 워치

베스트셀러인 '탱크 시계'는 제1차 세계 대전 중 소개되었는데, 1917년 프랑스 군대가 사용한 르노 탱크의 상단에서 모티프를 가져온 것으로 알려졌다. 직사각형 형태의 케이스에 블루 핸즈[시계바늘]와 사파이어 크라운[용두]을 지녔으며, 미니멀하면서 강인한 분위기를 풍긴다. 이 시계는 루이 까르띠에의 선구적인 디자인 감각으로 지금까지도 위용을 떨치고 있다.

까르띠에는 하이 주얼리에서도 탁월한 감각을 자랑한다. 2024년에 출시 100주년을 맞은 '트리니티 링'은 루이 까르띠에가 친구였던 시인 장 콕토Jean Maurice Eugène Clément Cocteau를 위해 디자인한 것이다. 장 콕토는 이 반지를 사랑하여 늘 새끼손가락에 끼고 다녔고, 그로 인해 파리 상류층과 예술계에 까르띠에의 작품이 널리 알려지게 됐다. 트리니티 링은 옐로 골드와 화이트 골드 그리고 로즈 골드 색을 띤 세 개의 고리가 연결되어 있는데 각각 충성, 우정, 사랑을 의미한다. 이처럼 각별한 의미로 인해 지금까지도 연인들에게 큰 인기를 끌고 있다.

기술에 신뢰감을 주는 스토리:
페라가모

브랜드 스토리가 제품을 선택하는 과정에 작용하는 경우, 그것이 기술 등 브랜드의 고유한 기법에 관한 이야기라면 선택에 긍정적인

까르띠에 트리니티 링

영향을 줄 가능성이 커진다.

　기술력에 관해서는 슈즈 브랜드인 페라가모FERRAGAMO를 빼놓고 이야기할 수가 없다. 페라가모를 잘 모르는 이라도 2000년대 초반 청담동 며느리 룩의 필수 아이템이었던 '바라 슈즈'를 들어본 기억이 있을지도 모르겠다. 그때 국내에서는 이른바 '있는 집' 여성들이 애용하는 브랜드 정도로 여겨졌지만, 사실 페라가모는 누구보다도 구두의 구조와 디자인에서 창의성을 발휘한 브랜드다.

　전설적인 구두 장인 살바토레 페라가모Salvatore Ferragamo는 늘 당시로서는 상상하기 어려운 혁신적인 제품을 디자인했다. 1930년대에 만든 '웨지힐'은 옆에서 바라본 형태가 쐐기[Wedge] 형태를 하고 있어 붙은 이름이다. 그는 힐 밑창과 힐 사이의 공간을 코르크 조각으로 채워 튼튼하면서도 가벼운 여성용 구두를 고안했다. 사실 이는 당시 이탈리아가 경제적 제재로 강철과 가죽 같은 전통적인 재료를 구하기 어렵게 되자 대신할 소재를 찾아낸 것이었다.

　살바토레 페라가모의 창의성이 두드러지는 또 다른 제품은 투명한 나일론 필라멘트를 사용하여 만든 '인비저블 샌들'이다. 이름대로 정면에서 보면 마치 아무것도 신고 있지 않은 것처럼 보이는 것이 특징이다. 그는 이 샌들로 1947년에 패션계의 오스카상이라고 불리는 '니먼 마커스상'을 수상했고, 전 세계적인 유명세를 얻었다.

　살바토레 페라가모의 가장 놀라운 점은 신발 디자인에 인체해부학을 적용한 최초의 구두 장인이었다는 사실이다. 아치와 무게중심을

장인들과 함께 작업하는 살바토레 페라가모

활용한 그의 신발 제작 원리는 오늘날 모든 신발 제작에 그대로 적용되고 있다. 한 번이라도 페라가모의 신발을 신어본 사람이라면 그 착화감에 감탄해 본 경험이 있을 것이다.

이탈리아 도시 피렌체의 중심부인 산타 트리니타 광장 모퉁이에는 페라가모의 본사로 쓰이는 건물인 '팔라초 스피니 페로니Palazzo Spini Feroni'가 있다. 일명 '페라가모 성'이라 불리는 이 건물의 지하에는 그간 살바토레 페라가모가 만든 다양한 슈즈와 제품을 볼 수 있는 박물관이 있다. 피렌체에 방문하는 이라면 꼭 한번 가볼 것을 권한다.

전설이 된 스토리:
오메가

역사적인 사건과 연관된 스토리를 가진 브랜드는 원하지 않아도 주기적으로 브랜드가 소환되는 혜택을 누릴 수 있다.

스위스의 시계 브랜드인 오메가OMEGA는 올림픽 기간이면 늘 자연스럽게 시야에 들어온다. 오메가는 1932년 로스앤젤레스 올림픽에서 30개의 정밀 스톱워치로 모든 경기를 측정한 이래 지금까지도 100년 가까이 올림픽 공식 타임키퍼로 활약하고 있다. 최근에 오메가는 육상에서 AI 모션과 이미지 분석을 결합해 선수의 움직임을 실시간으로 분석하는 수준으로 기술을 발전시켰다. 밀리세컨드 단위로 순위가 갈

——— 페라가모의 본사, 팔라초 스피니 페로니

1932년 LA올림픽에 사용된 회중시계의 디자인을 오마주한 오메가 올림픽 1932 크로노 차임

릴 수 있는 올림픽 경기에서 공식 타임키퍼로 쓰인다는 사실은 '우리
가 전 세계에서 가장 정확하다고 인정받은 시계다.'라고 광고하는 것
이나 다름없다.

그런데 사실 오메가는 올림픽의 임팩트조차 뛰어넘는 스토리를
갖고 있다. 바로 1969년 아폴로 11호의 달 착륙이다. 인류 최초의 달
착륙은 전 세계에서 5억 명 이상의 사람들이 동시에 지켜본 '빅 이벤
트'였다.

아폴로 11호를 달로 보낸 미국항공우주국NASA은 먼저 다양한 테
스트를 통해 우주 비행사들이 착용할 수 있는 정확하고 튼튼한 시계
를 선별했다. 영하 50도와 100도를 넘나드는 온도 차, 93%의 습도와
부식되기 쉬운 100% 고산소 환경, 진공, 충격, 가속도, 자기장 등 극한
조건의 테스트를 통과한 것은 바로 오메가의 '스피드마스터 프로페셔
널'이었다.

1969년 7월 20일, 두 명의 우주 비행사가 달에 착륙했을 때 스피드마스터 프로페셔널은
둘 중 한 사람인 버즈 올드린Edwin 'Buzz' Eugene Aldrin, Jr.의 손목에 자리해 있었다.
이로써 이 제품은 인류 역사상 최초로 달에 착륙한 시계가 됐으며, '문 워치Moon Watch'라는 별명을 얻었다.
오메가는 2019년에 미국 플로리다에 위치한 케네디 우주 센터에서 아폴로 11호의 달 착륙 50주년을
기념하는 행사를 개최했고, 이를 위해 특별 한정판 스피드마스터 두 종류를 출시했다.

역사상 최초로 달에 착륙한 손목시계

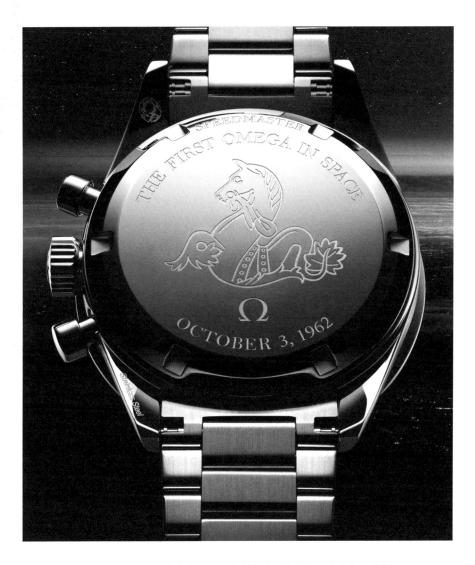

오메가는 달 탐험 이전에 우주를 탐험한 최초의 시계를 만들기도 했다.
1962년 10월 3일, 우주비행사 월리 서라Walter Marty 'Wally' Schirra Jr.는 개인 소장품인
오메가 CK2998을 착용하고 머큐리 미션을 수행하기 위해 우주로 향했다.

───── **재탄생한 퍼스트 오메가 인 스페이스**

전설은 여기서 끝이 아니다. 모든 세계인에게 꾸준히 사랑받는 대표적인 영화 시리즈를 손꼽아보면 열 손가락 안에는 반드시 '007 시리즈'가 포함될 것이다. 오메가는 1995년 〈007 골든 아이〉를 시작으로 대기권과 수중, 사막과 극지방 등 험지에서 생사를 넘나들며 미션을 수행하는 스파이의 위력적인 파트너로 활약했다. 피어스 브로스넌 Pierce Brendan Brosnan과 대니얼 크레이그Daniel Wroughton Craig의 손목에서 빛난 '오메가 씨마스터 다이버 300M'을 착용한다면 누구라도 마치 '더블 오 세븐[007]'이 된 듯한 기분을 느끼지 않을까. 금방 깰 백일몽이어도 좋다. 스토리의 매력은 우리를 현실에서 '잠깐' 꺼내주는 것이니까.

스토리텔링에 능한 브랜드:
반클리프 아펠

'스토리텔링'이라고 하면 나에게 깊은 인상을 남긴 브랜드가 하나 있다. 국내에서 높은 인기를 얻고 있는 반클리프 아펠이다. 이 하이 주얼리 브랜드는 홍보나 마케팅을 위해 셀러브리티나 브랜드 앰배서더를 두지 않는 것으로 유명하다. 그 대신 선택한 방법은 제품 또는 컬렉션에 스토리를 묶어주는 것이었다.

대표적인 사례가 앞서 잠시 언급했던 '포단 컬렉션'(2014)다. 이 컬렉션은 프랑스 루아르 강변에 자리한 왕립 궁전인 샹보르 성에서 베

제임스 본드 탄생 60주년 기념 오메가 씨마스터 다이버 300M

일을 벗었다. 거대한 규모를 자랑하는 샹보르 성의 첨탑과 이중 나선형 계단이 반클리프 아펠의 주얼리로 장식된 채 모습을 드러냈다. 야외에서는 동화 『포단』의 한 장면인 왕자와 공주의 결혼식이 재현됐다. 각국의 축하 사절단이 말과 마차를 타고 등장했고, 레드와 골드 컬러로 치장한 마차 안에서 하이 주얼리를 착용한 모델들이 걸어 나오자 행사장엔 탄성이 쏟아졌다. 반클리프 아펠은 동화 속 한 장면을 재현하는 데 아낌없는 노력을 기울여서 참석한 이들은 마치 동화 속에 빠진 듯한 기분을 경험할 수 있었다. 나는 이 행사 이후 포단 컬렉션의 제품을 볼 때마다 이날의 기억과 동화의 이미지가 떠오른다. 그간 많은 하이 주얼리 행사에 참석하고 제품을 접했지만, 샹보르 성에서의 행사만큼 컬렉션의 주제에 몰입되는 경우는 많지 않았다. 반클리프 아펠은 주얼리에 판타지를 더하는 스토리의 힘을 누구보다 잘 알고 있는 브랜드였다.

스토리가 브랜드에게,
브랜드가 스토리에게

럭셔리 브랜드의 국내 진출이 무르익으면서 내가 브랜드 스토리를 기사화하는 횟수는 줄어들었다. 이미 어지간한 브랜드 스토리는 소비자들에게 충분히 전달됐고, 브랜드의 스토리와 역사를 되새김질

하는 것이 '전통적인 마케팅 방식'이라고 여기는 브랜드도 많아졌기 때문이었다. 또 브랜드의 이미지와 콘셉트에 변화를 주려는 브랜드는 의도적으로 창립자나 과거 셀러브리티의 노출을 자제하기도 했다. 새로운 소비층으로 부상한 MZ 세대에게 '역사와 전통'을 과시하는 것은 고리타분하게 받아들여질 수 있다는 인식도 작용했을 것이다.

그러나 젊은 세대라고 해서 역사와 전통을 지루하게 여긴다는 생각은 편견이다. 역사와 전통이 따분해지는 이유는 그것이 만들어진 때로부터 한 발짝도 나아가지 않아서다. 브랜드가 스토리를 무기로 삼으려면 과거의 역사와 전통만 되풀이 전달할 것이 아니라 지금 현재에 스토리로 남을 만큼 임팩트가 있는 다양한 시도를 하면서 브랜드 자신을 확장해 나가야 한다.

프레스티지 화장품 브랜드를 대표하는 에스티 로더는 1956년에 창립 10주년을 맞아 프레스티지 라인인 '리뉴트리브 크림'을 100달러가 넘는 가격으로 선보였다. 당시 크림의 평균적인 가격이 20달러대였던 것을 생각하면 얼마나 파격적인 가격인지 알 수 있다. 거기다 당시에는 한 번도 시도되지 않았던 '샘플 배부'라는 방법으로 고객을 끌어들였다. 실은 광고를 할 비용이 충분치 않아 백화점 입구에서 고객들에게 무료 샘플을 나눠준 것이었는데, 이 방식에 'Try before you buy(사기 전에 써보세요)'라는 이름을 붙여 시도했다. 에스티 로더는 제품을 구매하면 별도로 선물을 증정하는 방식을 가장 처음 시작한 브랜드이기도 하다. 창립자인 에스티 로더Estée Lauder 여사의 시대를 앞선

에스티 로더의 리뉴트리브 크림

마케팅 방식이 오늘날까지도 이어지고 회자되는 모습을 보면 감탄과 흐뭇함을 동시에 느끼게 된다.

스토리는 제품에 이미지와 판타지를 투영하고, 철학과 콘셉트를 함축하며, 판매를 유도하는 주요한 장치다. 또 고객의 감성을 건드려 브랜드와의 정서적인 관계를 형성하는 연결고리가 된다. 이야기가 켜켜이 쌓인 브랜드는 내놓는 제품마다 꽃이나 향기를 장식하듯이 적절한 스토리를 첨가하여 매력을 증폭시킨다. 제품을 집어 드는 순간 온갖 흥미로운 이야기가 쏟아져나오는 쪽과 기능에 관한 설명만 줄줄 읊는 쪽 가운데 어디에 고객의 이목이 쏠릴지는 자명하다.

물론 지나침은 모자람만 못하다. 브랜드와 제품의 본질을 훼손시키는 과장된 스토리는 오히려 브랜드의 호감도를 떨어뜨린다. 진정성이 부족한 스토리만큼 허무한 것도 없는 법이다. 스토리를 무기로 삼고자 한다면 반드시 명심해야 할 지점이다.

과거는 미래에게
주는 선물이다

에디터 초창기 시절, 한창 인물 인터뷰를 맡을 때였다.
그날은 현충원 관계자를 만났는데,
답변 가운데 나를 멈칫하게 만든 말이 있었다.

"제가 하는 일은, 한마디로 하면 묘지기죠."

인터뷰를 마치고 돌아오는데 기분이 개운치 않았다.
그 답변은 물론 겸손의 표현일수도 있고,
전후 맥락상 충분히 나올 만한 말일 수도 있었다.
하지만 당시 나는 조금 더 사명감이나 자부심 같은 것을 기대했던 것 같다.
그리고 지금 돌아보면 그 답변에서는 '과거를 애정하는 태도'가
잘 드러나지 않았다는 점이 나를 멈칫하게 만든 것이 아닌가 싶다.
럭셔리 브랜드를 취재하면서 내가 자주 목격한 모습은
'과거에 대한 경애'였다.
그들은 과거를 단지 숭상하는 것이 아니라
미래를 위한 영감의 진원지로 애틋하게 여겼다.
그리고 그런 태도는 브랜드의 성패에도 큰 영향을 미쳤다.

과거와 미래의 공존을 보여주는
브랜드 박물관

럭셔리 브랜드를 취재하다 보면 그 본사를 자주 방문하게 된다. 이때 빠지지 않는 코스가 브랜드 박물관이나 창립자의 작업실처럼 '역사'를 보여주는 장소에 들르는 것이다. 흔히 박물관이라고 하면 엄숙한 분위기에 지난 업적에 관한 다소 지루한 설명이 따라붙는 모습을 떠올린다. 물론 그런 곳도 없지는 않다. 그러나 내가 경험한 브랜드 박물관은 대부분 과거의 무용담을 자랑하는 데 그치지 않고 미래에 관한 나름의 비전과 포부를 보여주고 있었다.

하이엔드 시계 브랜드인 오데마 피게AUDEMARS PIGUET는 2020년 스위스 도시 르 브라수스에 브랜드 박물관인 뮤제 아틀리에를 열었다. 이 건물은 위에서 보면 나선 형태를 한 파빌리온으로, 곡선형 유리벽을 통해 밖에서도 안이 들여다보이게 만들어져 있다. 내부에는 주요 제품을 전시했고, 중앙에는 다양한 기능을 구현하는 공정인 그랜드 컴플리케이션 작업 공간과 하이 주얼리 작품을 제작하는 예술공예

──────── 오데마 피게의 뮤제 아틀리에

공간을 두었다. 또 바로 옆에는 브랜드가 시작된 공방이 자리하여 각 제품 공정의 과거와 현재를 함께 감상할 수 있도록 했다.

이처럼 브랜드의 처음과 현재를 비교할 수 있는 공간으로 바쉐론 콘스탄틴의 브랜드 창립 250주년을 기념하여 방문한, 스위스 제네바의 플래그십 스토어를 들 수 있다. 바쉐론 콘스탄틴은 플래그십 스토어의 한 층을 '캐비노티에♥의 방'으로 꾸며 당시의 가구와 작업 도구로 초창기 시계 장인의 작업 공간을 그대로 재현했다.

구찌GUCCI는 2018년 브랜드의 고향인 이탈리아 도시 피렌체에 자리한 로지아 델라 메르칸치아Loggia della Mercanzia 궁전에 구찌 가든을 오픈했다. 그곳은 2011년까지는 구찌 박물관으로 사용되던 곳이었는데, 구찌 가든으로 다시 오픈하면서부터는 제품을 전시하는 데 그치지 않고 레스토랑과 부티크까지 배치했다. 구찌 가든의 3개 층을 오르내리다 보면 전통과 트렌드는 대치가 아니라 공존하는 것이라는 인식을 갖게 된다. 브랜드의 시작과 현재를 동시에 비추며 자연스럽게 미래를 제안하는 영민함에 감탄했다.

♥   cabinotier. '캐비닛에서 일하는 사람'이라는 의미로 시계 장인을 의미한다.

브랜드에 생명력을 불어넣는
스토리텔러

브랜드 박물관에서 안내를 맡는 사람은 박물관의 책임자나 홍보 담당인 경우가 많다. 그런데 어떤 브랜드는 그 역할을 맡는 사람을 따로 두기도 한다. 까르띠에의 이미지·스타일 & 헤리티지 디렉터인 피에르 레네로Pierre Rainero가 바로 그런 사람이었다. 처음 그의 직책을 들었을 때는 무척 생소했다. 그러나 그와 함께 박물관을 거닐며 이야기를 듣고 나서는 고개를 끄덕이게 됐다. 그의 역할은 소장품의 역사를 설명하는 데 그치지 않았다. 하이 주얼리 전시에서는 원석에 관해 설명했으며, 최근에 출시된 신제품에 관해서도 설명했다. 그의 역할은 과거부터 현재까지 그리고 앞으로 추구할 까르띠에의 이미지와 스타일을 사람들에게 전달하는 것이었다. 그래서 누군가는 그를 두고 '까르띠에의 스토리텔러'라고 표현했다.

에르메스의 문화유산 디렉터인 메네울 드 바젤레르 뒤 샤텔르를 만났을 때도 비슷한 경험을 했다. 앞서 언급한 것처럼 그녀는 에르메스 박물관에서 에밀 에르메스 컬렉션에 관해 설명해 주었는데, 우산, 안장, 중국풍 장식품 등의 갖가지 소품은 그저 골동품이 아니라 지금의 에르메스를 있게 만든 영감의 원천임을 강조했다. 나는 그녀와의 대화를 통해 '과거를 바라보는 인식'을 되돌아보게 되었다. 브랜드를 이해할 때 '눈앞의 지금'만 아는 것과 '과거부터 현재까지의 흐름'을 아는 것은 역사와 일관성이라는 면에서 커다란 차이가 있다. 또 과거에 어떤 방식으로 생명력을 불어넣느냐에 따라 유산은 현재진행형이될 수도, 캐비닛 안에 영원히 머무를 수도 있다. 럭셔리 브랜드를 알아갈수록 나는 두 사람의 직책이 소중하게 와닿았다.

요즘 서울 청담동에 가면 뉴욕처럼 여러 럭셔리 브랜드의 플래그십 스토어가 자리해 있다. 플래그십 스토어는 브랜드의 모든 것을 보여주는 곳이다. 그러니 단지 제품만 판매할 것이 아니라 브랜드의 어제와 오늘, 시작과 미래를 잇는 역할을 할 누군가가 있어야 하지 않을까 하는 생각을 했다.

옛것을 본받아
새것을 창조한다

패션 브랜드가 새로운 크리에이티브 디렉터를 임명하면 여러 매체가 인터뷰를 진행한다. 이 기사들을 살펴보면 다음과 같은 구절을 쉽게 찾아볼 수 있다.

'브랜드에 합류하고 나서 가장 먼저 한 일은 아카이브를 살펴보는 것이었습니다.'
'제일 먼저 찾아간 곳은 박물관이었어요.'

이들이 전 시대의 것을 카피하려는 것은 물론 아니다. 기존의 전통을 이어가기 위해서도, 또는 전통을 전복시키기 위해서도 가장 먼저 해야 할 일이 브랜드의 역사를 아는 것이기 때문이다.

크리에이티브 디렉터들은 대부분 자신보다 훨씬 나이가 많은 브랜드의 유산을 섬세히 습득한 후 자신만의 스타일을 창조한다. 이때 유산의 일부를 자신만의 스타일로 재해석하여 내놓는 경우가 있다. 2023년 루이 비통의 남성 아티스틱 디렉터로 임명된 퍼렐 윌리엄스 Pharrell Lanscilo Williams는 그의 첫 컬렉션에서 격자무늬를 한 다미에 캔버스를 주요 모티프로 활용했다. 퍼렐 윌리엄스는 본래 음반 프로듀서이자 가수였다. 활동 영역이 달랐던 그가 루이 비통에 합류하며 의혹과 기대가 함께 커져가던 시점에, 브랜드의 헤리티지를 모티프로 사용한 것은 안전하면서도 영리한 선택이었다.

2022년에 발렌티노VALENTINO는 카타르 뮤지엄과 공동으로 '포에버─발렌티노Forever VALENTINO'전展을 카타르에서 개최했다. 이 전시는 창립자 발렌티노 가라바니Valentino Clemente Ludovico Garavani로부터 당시의 크리에이티브 디렉터인 피엘파올로 피촐리Pierpaolo Piccioli의 컬렉션으로 이어졌는데, 그 흐름이 아주 자연스러웠다. 분명 다른 디자이너이고 옷 자체의 디자인도 달랐는데 전체적인 분위기는 영락없는 '발렌티노'였다. 그 공통분모 가운데 하나는 바로 레드 컬러와 레이스의 디테일이었다. 2024년 3월, 구찌의 크리에이티브 디렉터였던 알레산드로 미켈레Alessandro Michele가 발렌티노의 신임 크리에이티브 디렉터로 임명됐다. 그는 발렌티노의 유산을 어떻게 해석할지 궁금해진다.

럭셔리 브랜드 가운데는 창립부터 지금까지 명성을 꾸준하게 유지하는 곳도 있고, 부침을 거듭하는 곳도 있다. 나는 이 차이가 '과거를 대하는 태도의 차이'에서 비롯된다고 본다. 명성 있는 브랜드는 과거를 역사로 박제하지 않고 미래로 나아갈 든든한 지지대로 삼는다. 과거를 그대로 베끼거나 아예 단절시키지 않고 설립 초기의 철학을 유지하며 시간의 흐름에 따른 변화를 가미한다. 이는 매우 정성스러우면서도 치밀한 계획이 요구된다. 과거를 재해석한다는 명분으로 단순히 답습하거나 구태의연하게 변형시킨다면 당연히 비평가와 고객의 외면을 받게 된다.

나는 모든 과거는 아름다우며 무조건 지키고 따라야 한다고 말하고 싶은 것이 아니다. 다만 의미 있고 영향력 있는 과거는 그에 걸맞은 존중을 받아야 하며, 브랜드의 새로운 시도는 그 역사와 유산을 충분히 숙지한 상태에서 이루어져야 한다고 말하고 싶다. 만약 과거와 전혀 다른 모습을 추구하고자 하는 브랜드라면 고객들의 기억에서 과거의 잔상이 지워질 만큼 시간을 들이고 그간의 과거를 잘 정리하는 기술을 발휘해야 한다. 뜬금없는 새로움은 개연성 없는 이야기만큼이나 매력이 없다.

우리는
이런 브랜드입니다

럭셔리 브랜드를 취재하며
그동안 세계 여러 도시에서 열리는 전시에 참여했다.
전시마다 각 브랜드가 고유한 방식으로 보여주고 들려주는 것들은
매번 새로웠고, 영감을 자극했다.
그 가운데서도 지금까지 생생하게 떠오르는 몇몇 행사가 있다.
특히 2011년 모스크바 푸시킨 국립미술관에서 열린
'인스피레이션 디올Inspiration Dior'전은 브랜드 전시의 총아를 경험하는 듯했다.
새삼 전시가 가진 역할과 능력에 관해 생각하게 했고,
전시가 브랜드에게 매우 중요한 소통의 창구가 될 것을 예감하게 했다.

브랜드의 자기소개,
전시

인스피레이션 디올 전이 특별했던 이유 중 하나는 전시가 열린 장소였다. 디올은 럭셔리 브랜드의 본사들이 몰려 있는 서유럽 대신 러시아의 모스크바를 택했다. 러시아는 2000년대 초반 국제 원유와 가스 가격의 상승으로 경제가 성장하면서 신흥 부유층이 생겼고, 이들을 고객으로 만들기 위해 럭셔리 브랜드가 잇달아 진입했다. 2011년은 모스크바에서 럭셔리 브랜드가 인지도를 쌓고 인기를 높여가는 시점이었다.

전시장으로 쓰인 푸시킨 국립미술관은 문화예술 대국 러시아의 위용을 보여주듯 웅장했다. 입장하면 바로 보이는 중앙 계단 좌우에 유리로 만든 거대한 박스를 설치하여 디올의 과거와 현재의 룩을 전시했는데, 말문이 턱 막힐 정도로 우아했다.

이 전시는 명칭 그대로 디올이 어디에서 영감을 받아 어떻게 독창적인 제품을 만들었는지를 보여주는 것이 목적이었다. 거대하고 화려한 전시장을 따라 걸으며 역사, 자연, 회화, 조각, 사진 등이 디올에 어떤 영감을 주었을지 상상해 보았다. 1959년에 모스크바에서 패션쇼를 열었던 무슈 디올이 다시 귀환한 듯한 생각마저 들었다. 예술의 거장과 디올이 서로 영감을 받은 작품과 룩을 비교하여 볼 수 있는 코너도 있었다. 이를테면 디올을 대표하는 '뉴 룩'이 피카소Pablo Picasso의 작품 속에서 어떤 반향을 일으켰는지를 살펴보는 식이었다. 러시아의 플라스틱 아티스트인 올가 키셀레바Olga Kisseleva가 디올의 향과 퍼퓸의 세계를 탐험할 수 있게 만든 설치물도 만날 수 있었다.

디올이 펼친 전시 가운데 또 하나 기억에 남는 것은 2008년 베이징의 울렌스 현대미술센터UCCA♥에서 열린 '크리스챤 디올 앤드 차이니즈 아티스츠Christian Dior and Chinese Artists' 전이다. 이때의 특징은 전시가 열린 국가의 아티스트들과 매우 다채로운 협업을 진행했다는 점이었다. 당시 중국은 세계를 향해 자국이 얼마나 개방된 나라인지를 알리는 데 열심이었다. 전시가 열린 베이징의 798 예술구는 본래 국영 공장이 모여 있던 곳으로, 당시에는 중국 미술의 현주소를 경험할 수 있는 상징적인 현장으로서 세계적인 관심을 받았다.

이 전시에서는 20명의 중국 아티스트가 현대미술과 패션을 각자의 방식으로 표현해 냈다. 당시 중국 현대미술의 4대 천황♥♥에 속했던

♥ 벨기에 출신으로 중국 미술 컬렉터인 울렌스 부부Guy & Myriam Ullens가 설립했다.
♥♥ 중국 현대미술의 4대 천왕으로 꼽힌 아티스트는 웨민쥔岳敏君, 장샤오강张晓刚, 쩡판즈曾梵志, 팡리쥔方力钧이다.

장샤오강을 비롯하여 리송송李松松, 장달리张大力, 리우웨이刘韡, 장환張
洹 등 전 세계적으로 컬렉터 사이에서 높은 인기를 끌고 작품 가격이
천정부지로 솟아오르던 아티스트들이 거의 포함되어 있었다.

이 전시를 위해 100여 벌이 넘는 디올 의상이 파리로부터 공수됐
다. 그리고 아티스트들은 디올의 상징적인 옷은 물론이고 애비뉴 몽
테뉴 부티크, 디올 퍼퓸, 레이디 디올, 크리스챤 디올의 초상화 등을
콘셉트로 흥미로운 작품을 선보였다. 여러 작품 중에서도 장환이 재
[ash]를 이용하여 무슈 디올의 초상화를 그린 작품이 지금도 기억에
선명하다. 디올은 이 전시 이후에도 각 나라의 아티스트와 협업하는
기획을 꾸준히 시도했고 많은 작품을 선보였다. 하지만 2008년 베이
징 전시에서 보여준 강렬한 독창성을 뛰어넘는 경우는 거의 없었다.

디올은 2015년에 한국에서도 전시를 열었다. 서울의 동대문 디자인
플라자DDP에서 '에스프리 디올Esprit Dior' 전을 열었는데, 테마는 2011년
푸시킨 국립미술관에서 선보인 전시와 비슷했다. 무슈 디올이 영감을
받았던 예술과 문화적 요소를 11개 주제로 펼쳐놓았고, 무슈 디올이
1947년 처음 선보인 첫 번째 컬렉션부터 2015년 당시 디자이너였던
라프 시몬스Raf Jan Simons의 컬렉션까지 흐름을 보여주었다. 디올의 아
카이브 작품들은 그저 옷 한 벌과 핸드백 하나만으로는 담아낼 수 없
는 시간의 축적을, 그리고 그로부터 생겨나는 브랜드의 아우라를 보
여주었다. 그야말로 디올의 정체성을 보여주는 최상의 기회였다.

늘 새로움을
추구합니다

'전시'라고 하면 대개 하얀 벽면에 액자가 걸려 있거나 하얀 방 한
가운데 조각이 세워진 모습을 상상한다. 예술작품의 전시와 감상에서
화이트 큐브가 주는 안정감과 정갈함을 넘어서기란 쉽지 않다. 그런
데 전시의 모습이 점점 달라지고 있다. 그저 배치된 작품을 감상하는
경험 대신 관객의 참여를 유도하고, 그 수단으로 디지털 기술을 활용
하여 상호작용이 가능한 전시를 추구한다. 언제나 한발 앞서 트렌드
를 제안하는 럭셔리 브랜드가 이 같은 움직임을 놓칠 리 없다.

샤넬은 2012년 국내에서 첫 전시를 연 이래 꾸준히 전시를 진행해
왔다. 첫 전시인 '더 리틀 블랙 재킷The Little Black Jacket' 전에서는 샤넬의 블
랙 재킷을 100명의 유명인에게 입혀 찍은 사진을 전시했다. 2014년
DDP에서 열린 '컬처 샤넬, 장소의 정신Culture Chanel: The Sense of Places' 전
은 창립자인 가브리엘 샤넬이 영감을 받은 다섯 곳의 장소를 소개함
으로써 그녀의 생애와 제품, 영감의 요소를 복합적으로 연출했다. 이
어 2017년 디뮤지엄에서 열린 '마드모아젤 프리베Mademoiselle Prive' 전은
런던 사치 갤러리Saatchi Gallery에서 처음 열린 후 순회하는 전시였는데,
'향수, 하이 주얼리, 오트 쿠튀르'의 세 가지 요소를 통해 브랜드의 유
산과 창의성을 보여주었다.

디뮤지엄은 젊은 세대의 전시 성지로 불릴 만큼 혁신적인 전시를

기획하는 곳으로 유명하다. 마드모아젤 프리베 전에서는 핸드폰 어플을 이용해 증강현실을 구현하고 디지털 아트 및 상호작용이 가능한 요소를 활용해 관람객이 샤넬을 더욱 실감 나게 느낄 수 있도록 했다. 관람객의 SNS 활동을 겨냥해 배치한 포토존 역시 효과를 발휘하여 엄청난 수의 관람객이 몰렸다.

루이 비통의 '루이 비통 시리즈 2 - 과거, 현재, 미래' 전 역시 기존의 전시 형태와는 다르게 디지털 아트와 멀티미디어를 활용했다. 루비 비통의 여성복 아티스틱 디렉터인 니콜라 제스키에르Nicolas Ghesquière가 2015년 봄/여름 컬렉션을 준비하며 받은 영감을 9개의 주제로 나누어 선보였다. 전시가 열린 광화문 디타워는 건물이 공식적으로 개장되기 전에 루이 비통에게 전시 공간을 기꺼이 제공했다. 남이 가지 않은 첫 번째를 선호하는 루이 비통과 파격을 시도한 디타워의 합작으로 이뤄낸 신선한 기획이었다.

2022년 구찌가 DDP에서 개최한 '구찌 가든 아키타이프Gucci Garden Archetypes: 절대적 원형' 전도 몰입형 멀티미디어 전시를 시도했다. 크리에이티브 디렉터 알레산드로 미켈레가 영감을 받은 대중문화, 음악, 영화를 비디오, 전철 내부, 댄스클럽, 정원 등의 다채로운 형태로 소개하고, 구찌의 제품도 이색적으로 배치하여 한순간도 지루할 틈을 주지 않았다. 해당 전시는 예약제로 운영되었으며 열렬한 호응에 힘입어 전시 기간을 연장하기도 했다.

꼭 홍보를 위해서는
아닙니다

럭셔리 브랜드가 전시를 개최하는 목적을 떠올려보면 가장 먼저 손꼽히는 것은 홍보와 마케팅이다. 브랜드마다 상황은 다르겠지만, 세계의 주요 도시에서 규모 있는 전시를 진행하려면 적어도 1~2년 이상의 준비 기간이 소요된다. 전시에 적합한 공간을 선정하고, 아티스트와 협업을 진행하는 경우 의기투합할 아티스트를 찾는 등 준비해야 할 것이 상당히 많다. 자사와 제품을 알리기 위한 목적이 아니라면 그만한 수고와 노력, 자금을 들이는 이유를 떠올리기 어렵다. 그런데 전시의 주인공이 되기를 사양하는 브랜드도 있다. 프라다와 까르띠에가 대표적이다. 이들이 전시를 진행하는 주된 목적은 '문화예술에 대한 후원과 지지'다.

프라다는 이전부터 프라다 재단, 프라다 모드 등의 기관과 플랫폼을 통해 예술의 융합과 확장에 진심을 보여왔다. 프라다 재단은 예술과 건축, 영화 등 다양한 분야의 전시 및 행사를 개최하고 있고, 일종의 이동식 문화 소셜 클럽인 프라다 모드는 세계 주요 도시에서 그 도시와 장소에 어울리는 문화예술 행사를 개최해 왔다. 프라다 모드는 2023년에 연상호 감독을 포함한 세 사람의 한국 영화감독과 '다중과 평행'전을 서울에서 진행했다.

프라다의 실험 정신이 도드라진 사례 가운데 하나는 2005년 미국

텍사스주 도시인 마르파의 사막 한가운데 세운 미니어처 매장 '프라다 마르파Prada Marfa'다. 이는 실제 매장이 아니라 듀오 아티스트인 '엘름그린 & 드라그셋Elmgreen & Dragset'이 만든 설치 작품이다. 엘름그린은 마르파에 대해 이렇게 말했다.

"이 작품 뒤에 브랜드는 존재하지 않습니다. 프라다는 한 번도 브랜드를 위해 광고해 달라고 요청한 적이 없습니다."

프라다 마르파는 지금도 그 장소에서 세월의 풍파를 고스란히 맞으며 럭셔리 브랜드가 제안하는 예술의 다양성을 보여주고 있다.

까르띠에 현대미술재단은 프랑스 최초로 기업이 후원하는 현대미술재단으로, 1984년부터 각종 전시회와 레지던시 프로그램 등을 통해 현대미술의 창의성을 응원해 왔다. 이 재단은 까르띠에의 이름을 사용하고 있기는 하나 철저한 독립기관이라고 알려져 있다. 즉 브랜드의 이미지와 콘셉트를 알리거나 상승시키는 역할을 위해 만들어진 재단이 아니라는 것이다. 파리에서 만난 에르베 샹데스Herve Chandes 관장은 티타임 중에 "우리는 함께 작업한 작가의 작품만 컬렉션합니다. 경매 등을 통해 작품을 컬렉션하는 것은 우리와 맞지 않습니다."라고 말했다. 영리를 목적으로 한 재단이라면 할 수 없는 말이다.

까르띠에 현대미술재단은 독립성을 기반으로 실험적인 작가를 기용하고 파격적인 전시를 추진해 왔다. '매더매틱스: 어 뷰티풀 엘스웨

까르띠에 하이라이트 전에 전시된 이불(우측)과
론 뮤엑Ronald Hans Mueck의 작품(좌측)

어Mathematics: A Beautiful Elsewhere' 전은 수학과 예술과 인간의 관계를 탐구하기 위한 목적으로 수학자와 예술가의 창의적인 협업을 통해 탄생한 특별한 전시였다. 이 전시를 감상한 뒤 내 첫 소감은 '반 정도도 이해하지 못하겠다'였다. 그러나 '수학을 이렇게 예술적으로 접근할 수도 있구나' 하는 생각을 해볼 수 있었다.

까르띠에 현대미술재단이 2017년 서울시립미술관에서 개최한 '하이라이트High Lights' 전은 예술에 대한 까르띠에의 전폭적인 지지를 보여준 행사였다. 이 전시에서는 론 뮤엑, 사라 제Sarah Sze, 데이비드 린치David Keith Lynch, 셰리 삼바Chéri Samba, 장 미셸 오토니엘Jean-Michel Othoniel 등 25명의 작가가 작품 100여 점을 선보였다. 국내 작가로는 '파킹찬스'라는 이름으로 활동하는 박찬욱 & 박찬경 형제 감독, 이불, 선우 훈이 참여했다. 현대미술을 대표하는 작가의 작품을 한꺼번에 감상할수 있는 드문 기회인데다, 전시 장소가 서울의 중심에 자리하여 저녁이나 주말은 말할 것도 없고 평일 점심시간에도 근처 직장인들이 많이 방문했다. 이 전시는 전시 자체의 유명세와 함께 브랜드가 자신의 이름이 아닌 예술을 주인공으로 내세운 전시의 대표작으로도 회자되고 있다.

즐거운 '경험'이
되시기를 바랍니다

럭셔리 브랜드 도입 초기인 1990년대엔 샤넬과 구찌 등이 연중 행사로 개최하는 빅 패션쇼를 가는 것이 큰 즐거움이었다. 브랜드의 콘셉트와 이미지를 화려하고 압도적으로 풀어놓기엔 호텔의 볼룸Ball Room에서 열리는 빅 쇼가 적절한 행사였다. 그런데 시간이 흐르며 이 모습은 달라지기 시작했다. 소비자의 지적 욕구가 높아지면서 브랜드는 단지 제품을 소개하는 데서 그치지 않고 역사, 문화, 예술 등과 연결된 전시를 통해 지식과 영감의 전달을 시도했다.

전시를 통해 브랜드는 자신의 정체성을 확인하고, 관람객은 브랜드의 과거와 현재를 실제로 들여다보는 기회를 얻는다. 티파니Tiffany & Co.는 2022년 서울 청담동에 소재한 ST송은빌딩에서 '옐로 이즈 더 뉴 블루Yellow is the new Blue' 전을 열었다. 티파니의 다이아몬드들을 보여주는 전시였는데, 압권은 역시 128.54캐럿의 옐로 다이아몬드였다. 이 보석은 전 세계에서 오드리 헵번Audrey Hepburn과 레이디 가가Lady Gaga를 포함하여 네 명의 여성만이 착용했다고 전해지는, 현존하는 가장 희귀하고 전설적인 옐로 다이아몬드다. 상상만 해보던 것을 현실에서 마주하는 그 느낌이란!

루이 비통은 2017년 동대문 DDP에서 '비행하라, 항해하라, 여행하라Volez, Voguez, Voyagez' 전을 열었다. 브랜드의 유산 1,000여 점이

10개의 테마로 전시되었는데, 루이 비통 트렁크의 초기 형태부터 현재의 것까지 모두 볼 수 있었다. 그간 숱하게 듣기만 했던 브랜드의 역사를 실물로 보며 시각화할 수 있었고, 곁들여 제공되는 배경지식과 이야기는 고스란히 브랜드에 대한 이해와 제품에 대한 애정으로 이어졌다.

브랜드가 전시라는 형식을 추구하는 모습에서는 자신들의 제품을 작품의 반열에 올리고자 하는 의도를 읽을 수 있다. 물론 단지 전시한다고 해서 모든 제품이 작품이 될 수는 없다. 그러나 브랜드는 스스로 예술작품이 될 수 있다고 생각하고 노력한다. 이러한 노력이 브랜드와 제품의 가치를 높이려는 원동력으로 작용한다. 또한 브랜드는 예술이 지향하는 실험과 도전을 통해 브랜드의 철학과 이상을 공유하고자 한다. 제품 하나하나를 소개하기보다는 예술의 형식을 차용하여 브랜드의 세계관을 전개하는 접근 방식을 사용한다. 세계관이란 옳고 그름, 좋거나 나쁘거나의 이분법으로 재단할 수 없다. 그저 존재하는 것이며 오직 브랜드의 창의성과 독창성을 경험하게 해줄 뿐이다.

전시란 하고 싶다고 아무 브랜드나 할 수 있는 것이 아니다. 일정 수준 이상의 제품과 퀄리티, 그리고 이를 뒷받침하는 서사를 가진 브랜드여야 가능하다. 크리스마스 어드벤트 캘린더♥처럼, 열 때마다 이

♥ Christmas Advent Calendar. 12월 1일부터 25일까지 날짜마다 칸을 만들어 조그마한 선물을 넣고 매일 하나씩 열어보는 달력의 일종.

야기가 쏟아져 나올 정도는 돼야 한다. 차곡차곡 쌓아온 이야기를 각 시대에 맞는 혁신적인 구성과 형태로 드러낼 때, 전시는 그 목적이 무엇이든 사람들을 기대하게 만든다. 앞으로도 영감이 넘치고 브랜드의 DNA가 응축된 전시가 이어질 것이다. 다가올 새로운 전시에 대한 '설렘'은 오랫동안 럭셔리 브랜드가 열망해 온 또 다른 목적 가운데 하나다.

'바로 여기'여야
하는 이유

2007년 10월 19일, 펜디FENDI가
중국의 만리장성에서 패션쇼를 열었다. 먼저 이 소식을 들었을 때,
나는 만리장성의 초입에 무대를 꾸며놓고 성벽은 마치 병풍처럼
뒤편에서 배경 역할을 할 것으로 예상했다.
그런데 실상은 전혀 달랐다.
지면이 아니라 성벽 위의 주랑에 80미터 가량의 런웨이를 만들고,
그 양편으로 참석자의 좌석을 비치한 것이다.
일부 경사진 런웨이를 걷는 동안 모델들은 걸음을
조심스럽게 옮겨야 했고, 그 긴장감은 관중들에게도 고스란히 전해졌다.
 그렇지만 이 정도의 수고로움은
인류를 대표하는 문화유산 중 하나에 앉아
패션쇼를 관람하는 짜릿함에 비하면 아무것도 아니었다.

내용을 압도하는
장소의 의미

럭셔리 브랜드에게 제품이나 컬렉션을 소개하는 장소는 그 내용만큼, 어쩌면 그보다 더 중요한 의미가 담긴다. 이에 대해 어느 브랜드 마케팅 관계자는 다음과 같이 설명했다.

"컬렉션의 아이템 하나하나에 영감을 받은 모티프와 스토리가 있는 만큼, 아이템을 선보이는 장소 또한 의미가 있거나 상징적인 곳에서 펼쳐지기를 바랍니다. 컬렉션은 매번 새로운 창조물이므로 이것을 소개하는 곳 역시 완전히 새로운 혹은 사용되지 않았던 곳을 선호하는 것이죠."

펜디는 사상 처음으로 만리장성, 그것도 만리장성의 주랑 위에서 패션쇼를 개최했다. 여기에는 어떤 의미와 맥락이 있었을까? 당시 중국은 2008년 베이징 올림픽을 앞두고 전 세계에 자국의 문을 활짝 열어 역사와 예술을 교류하려 한다는 메시지를 전달하고자 했다. 중국을 대표하는 랜드마크인 만리장성에서 이탈리아를 대표하는 럭셔리 브랜드인 펜디가 패션쇼를 개최한다는 것은 동서양의 만남, 전통과 현대의 만남, 그리고 중국의 개방성을 상징적으로 보여주는 이벤트가 될 수 있었다. 펜디의 전략은 적중하여 이 패션쇼는 성공적으로 개최되며 세계적으로 화제가 됐고, 국내 공중파 뉴스에서도 이 소식을 비중 있게 다뤘다.

만리장성에서 열린 펜디 쇼

펜디의 선구적인 시도 이후 각 나라의 역사와 유산을 보여주는 랜드마크에서 럭셔리 브랜드의 각종 행사가 열리는 일이 잦아졌다. 중국의 자금성, 영국의 웨스트민스터 사원, 이탈리아의 카피톨리니 박물관 등이 대표적이었다. 반대로 미국 샌디에이고의 소크 생명과학 연구소처럼 미래와 혁신을 상징하는 곳이 행사 장소로 선택되기도 했다.

브랜드의 독창성을 보여주는
크루즈 컬렉션 장소

럭셔리 브랜드들은 자신을 돋보이게 만드는 획기적이면서도 특별한 행사 장소를 찾아내기 위해 고심한다. 이때 브랜드의 독특한 시도를 담아낼 수 있는 무대가 바로 '크루즈 컬렉션'이다.

패션 업계의 가장 큰 행사인 패션위크는 주로 4대 도시인 뉴욕, 런던, 밀라노, 파리에서 이 순서대로 진행된다. 2~3월에는 F/W Fall/Winter, 9~10월에는 S/S Spring/Summer 컬렉션이 소개된다. 패션위크가 이처럼 정형화된 행사라면, 크루즈 컬렉션은 패션위크와 무관하게 브랜드만의 컨셉추얼하고 재미있는 요소가 담기곤 한다. (물론 이름대로 이때 소개되는 컬렉션은 휴양지로 떠나는 사람을 위한 의상과 액세서리다.)

구찌는 2019 크루즈 컬렉션의 장소로 프랑스 남부 도시 아를의 '알리스캉'을 택했다. 고흐Vincent Willem van Gogh가 머물며 「별이 빛나는 밤에」 등 300여 점의 아름다운 그림을 쏟아냈던 도시 아를을 생각하고 찾아간 나는, 알리스캉이 로마 시대부터 공동묘지 부지로 쓰인 곳이라는 사실을 알고 당황했다. 육중하고 화려한 철제 대문 안으로 들어서자 여기저기에 불이 너울거리는 장치가 마련돼 있었고, 바스락거리는 돌길에 마련된 런웨이 주변으로는 하얀 연기가 피어올랐다. 얼핏 보면 공포영화의 한 장면 같기도 했다.

그렇지만 사실 알리스캉은 유네스코에 등재된 세계문화유산 가운데 하나이고, 1700년대에는 산책로로 이용되기도 했다. 그리고 도시 아를은 기원전 100년 즈음에는 로마인이 원형경기장과 극장을 세운 곳이었다. 당시 크리에이티브 디렉터였던 알레산드로 미켈레는 "무엇인가로 보이지만 알고 보면 그렇지 않은 곳"이 장소 선택의 이유였다고 말했다. 이탈리아를 대표하는 구찌가 왜 프랑스의 아를, 그것도 공동묘지였던 알리스캉을 크루즈 컬렉션 장소로 선택했는지 그제야 납득하게 됐다.

루이 비통은 크루즈 컬렉션의 장소로 도시의 랜드마크나 건축학적인 의미가 담긴 곳을 선택하는 경우가 많았다. 루이 비통의 2017년 크루즈 컬렉션은 건축가 오스카 니에메예르Oscar Niemeyer가 설계한, UFO를 연상시키는 독특한 건축물인 브라질 니테로이 현대미술관에서 개관 20주년을 기념하여 개최됐다. 여기서는 장소의 이미지와 맞아떨어지는 미래적인 디자인의 옷들이 쏟아졌다. 마치 SF 영화의 포스터를 보는 기분이었달까. 이후로도 루이 비통은 패션쇼가 열릴 만한 장소로 얼른 떠올리기 힘든 곳, 이를테면 미국 캘리포니아 팜스프 링스의 밥앤돌로레스 호프 에스테이트나 뉴욕 JFK 공항 내 TWA 터 미널 등을 장소로 선택하곤 했다. 그럼으로써 루이 비통은 각 장소의 건축학적인 아름다움과 함께 동시대적이면서 미래적인 루이 비통의 이미지를 전달하는 데도 성공했다.

세계인의 관심 속에 등장한
서울

내가 어릴 적에 뉴욕이나 파리를 동경했듯이, 이제는 서울이 세 계인이 동경하는 도시 중 하나가 되었다. 요즘 서울에서는 각 럭셔리 브랜드의 글로벌 행사가 자주 열린다. 굵직한 행사로는 2023년에 구 찌가 경복궁에서 2024 크루즈 컬렉션 쇼를, 루비 비통이 잠수교에서 2023 프리폴 패션쇼를 열었고, 2022년에는 디올이 이화여대 ECC홀 에서 2022 폴 쇼를 열었다.

서울의 빼어난 풍경을 바탕으로 이처럼 완성도 높은 쇼가 개최되 기까지, 사실은 그 밑바탕이 되어준 행사가 여러 차례 있었다. 그 가운 데 하나가 2008년 덕수궁 미술관에서 열린 '까르띠에 소장품The Art of Cartier' 전이다. 당시 홍보를 담당했던 관계자는 이렇게 말했다.

"까르띠에는 중요한 시장이라고 판단한 나라에서 소장품 전시를 열곤 했습니다. 예전부터 언젠가 한국에서도 이런 전시를 하면 좋겠다고 생각했고, 장소도 한국을 대표하는 곳에서 하고 싶었습니다. 지금이야 럭셔리 브랜드에 대한 이해와 인식이 높아졌지만, 당시에 외국 브랜드가 나라에서 관리하는 장소를 대관하여 행사를 한다는 것은 쉬운 일이 아니었습니다. 2000년대 초부터 2008년까지 오랫동안 덕수궁 미술관의 문을 두드렸고, 마침내 성사가 된 것이죠."

기념비적인 장소에서 열린 이 전시는 국내 관람객들에게도 인상적인 전시였지만, 프랑스 본사에게도 한국의 이미지를 높이는 데 일조했음은 물론이다.

2009년에는 경희궁에서 '프라다 트랜스포머Prada Transformer' 프로젝트가 열렸다. 건축가 렘 콜하스와 OMA 건축 설계 사무소가 만든 사면체의 건축물은 크레인을 이용하여 회전이 가능했고, 패션, 영화, 미술 행사마다 각각에 알맞은 형태로 변모했다. 2009년 전 세계에서 유일하게 서울에서 열린 이 프로젝트는 예술의 다양성과 융합을 보여준 획기적인 행사로 여전히 회자되고 있다.

한강의 핫플레이스인 세빛섬은 2014년 10월에 개장했다. 그런데 세빛섬은 정식 개관에 앞서 한 차례 대중에게 그 내부를 공개한 적이 있다. 바로 2011년 6월, 펜디가 만리장성 이후 4년 만에 다시 아시아에

경희궁에서 열린 프라다 트랜스포머 프로젝트

———————— 한강 세빛섬에서 열린 펜디 쇼

서 '펜디 온 한 리버Fendi on Han River'라는 이름의 쇼를 개최하며 그 장소로 세빛섬을 선택한 것이다. 행사를 주관했던 펜디의 관계자는 이렇게 말했다.

"펜디는 도시의 역사와 문화를 우선시합니다. 그래서 무엇보다 서울의 뿌리가 무엇인지 알고 싶었습니다. 우리나라의 역사를 돌아봤을 때 '한강'이 역사의 중심에 자리한다고 생각했죠. 이 프로젝트는 세빛섬이 완공되고 나서가 아니라 공사에 착수할 때부터 시작됐습니다. 그래서 모든 것을 시뮬레이션해 봐야 하는 어려움이 있었습니다. 일례로 전력도 처음 세팅되는 상황이라 전력의 최소와 최대치를 시험하기도 했습니다. 결과적으로는 세빛섬과 한강 그리고 서울의 아름다움을 알릴 수 있는 소중한 순간이었습니다."

당시 서울시는 도시 마케팅과 서울 패션산업 육성에 힘을 쏟고 있었고, 마침 서울을 주목하고 있던 펜디의 목적과도 맞아떨어졌다. 그 결과 펜디의 쇼는 한강을 국제적으로 알리는 신호탄이 되어주었다.

나는 남들이 시도해 보지 않은 도시와 장소에서 독특한 쇼를 개최하며 '처음' 또는 '획기적'이라는 타이틀을 얻는 것이 럭셔리 브랜드에게 어떤 의미가 있는지, 취재 과정에서 여러 번 물어보곤 했다. 다들 그때마다의 상황과 맥락에 맞게 대답해 주었지만, 정말 내가 궁금했던 것은 그 근원적인 동기였던 것 같다. 그리고 몇 번의 경험이 반복되며 나는 나름의 대답을 얻었다.

새로운 장소는 아직 발자국이 나지 않은 눈길 같은 것이 아닐까? 그 길에서는 눈의 깊이가 얼마나 되는지도 모른 채 발을 내디뎌야 한다. 남의 발자국을 따라 걷는 사람은 넘어질 염려는 줄어들겠지만 결코 선구자가 될 수도, 추종자를 얻을 수도 없다. 결국은 '독창적인 것'에 대한 열정의 크기라고밖에 설명할 수 없다.

한번 보면 잊히지 않는
존재감, 로고

UNVEIL

물건을 살 때 로고를 확인해 본 경험이 있을 것이다.
비슷한 퀄리티를 가진 제품이라면 선호하는
브랜드의 로고가 박힌 제품을 선택하는 것이 우리의 모습이다.
기호품은 물론이고 생필품을 살 때도
로고는 구매를 결정하는 중요한 요소가 된다.
이렇듯 로고만 보고 홀린 듯 구매를 결정하는 사람을
패션 빅팀Fashion Victim이라 단정해야 할까?
내 생각에 그들은 로고가 전하는 의미를 본능적으로
이해하기에 선뜻 구매를 결정했을 것이라고 본다.
이러한 로고를 세상에서 가장 잘 활용하는 존재가
바로 럭셔리 브랜드다.

로고의
의미와 형태

로고는 '브랜드나 기업의 정체성과 가치를 상징적으로 표현하는 시각적 아이콘'을 의미한다. 럭셔리 브랜드들은 제품의 생산자로서 로고에 나름의 의미를 새기곤 했다. 몇 개의 글자 또는 하나의 이미지에 수많은 이야기와 철학을 담아내는 것이다. 그래서 로고란 매우 깊은 고심 끝에 고안되고 결정되곤 했다.

내가 접했던 수많은 로고 중 인상적인 것의 하나는 베르사체 VERSACE가 사용한 '메두사 로고'였다. 고인이 된 디자이너 잔니 베르사체Gianni Versace가 고대 그리스 문화에 대한 존경심을 담아 유혹과 매혹을 상징하는 메두사를 로고로 선정했다고 한다. 담대한 이미지가 조금은 부담스러울 수도 있지만, 첫인상의 강렬함으로는 타의 추종을 불허할 정도로 인기 높았던 로고였다.

아무래도 자주 보이는 로고의 형태는 브랜드명이나 이니셜을 활용한 것이다. G 두 개를 서로 마주하여 겹쳐놓은 구찌 로고, 더블 C를 대칭으로 포갠 샤넬 로고, 대문자 H를 활용하는 에르메스와 V를 활용하는 발렌티노의 존재감 있는 로고, 삼각형 안에 균형 있게 안착한 프라다 로고 등 소비자를 매료시킨 로고는 셀 수 없다. 또 눈 덮인 몽블랑 산을 묘사한 몽블랑MONTBLANC의 로고와 왕관을 형상화한 롤렉스 ROLEX의 로고는 이미지만으로도 한번 보면 잊히지 않는 존재감을 보여준다.

구찌 블론디 스몰 탑 핸드백

프라다 아르케 백

일찍이 루이 비통은 LV 로고를 이용한
모노그램 캔버스를 만들어 타 브랜드와의 차별화를 꾀했다.
창립자 루이 비통Louis Vuitton의 아들인 조르주 비통Georges Vuitton이
브랜드의 고유함과 독창성을 지키는 방법으로 1896년에 고안해냈다.
모노그램 캔버스는 코팅된 캔버스 소재로 무게가 가볍고 방수 처리가 되어 있어 실용적이다.
만들어진 지 100년이 넘은 모노그램 캔버스는 지금까지도
브랜드를 알리는 독보적인 아이콘으로 활약하고 있으며,
최근 들어서는 더욱 다양한 제품에 응용되고 있다.

럭셔리 브랜드의 로고는 대개 창립 초기부터 만들어 사용하기도 하고, 나중에 원형을 재해석하여 선보이기도 한다. 로고를 바꾸는 브랜드는 가능하면 초기의 원형을 유지하면서 현대적인 흐름을 가미하는 것에 주력한다. 2018년 디자이너 리카르도 티시Riccardo Tisci는 버버리BURBERRY의 로고를 바꾸며 그 전에 있던 창립 연도를 없애고 좀 더 굵고 선명한 스타일로 바꾸었다. 새로운 로고는 고전성보다는 현대성에 중점을 두었다는 평을 들었다. 이후 다니엘 리Daniel Lee가 크리에이티브 디렉터로 부임하고 나서 다시 한번 로고가 바뀌었다. 다니엘 리는 버버리의 옛 정체성을 되살리는 데 주력한 로고를 선보였다.

로고가 주름잡았던
럭셔리 시장

내가 럭셔리 브랜드를 취재하기 시작한 1990년대 중반에 브랜드를 인식하는 첫 관문은 로고를 익히는 것이었다. (패션 브랜드는 각 디자이너의 스타일과 자주 사용하는 컬러로도 구별하지만, 이는 브랜드를 꽤 알고 난 후에 가능하다.) 이 시기에 럭셔리 브랜드들은 제품 전체를 자사의 로고로 뒤덮거나 옷이나 액세서리의 중심부를 로고로 장식하여 눈에 잘 띄게 해놓곤 했다. 생각해 보면 이는 착용할 사람의 눈에 띄기보다는 착용한 사람이 남들의 눈에 띄게 하는 것이 더욱 큰 목적이었다. 로고로 장식된 유명 럭셔리 브랜드의 옷을 입거나 액세서리를 착용하면 어쩐지 자신이 업그레이드된 기분도 들고, 남들이 쳐다보는 눈길에 괜히 어깨가 으쓱해지는 것이다. 럭셔리 브랜드를 착용하는 것이 개인의 사회적인 수준을 올려준다고 믿었던 시기이기도 했다. 옷은 말할 것도 없고 가방, 신발, 머리띠, 스카프 등 로고가 박힌 제품이 불티나게 팔리던, 로고가 주름잡던 나날이었다.

그런데 로고를 내세운 제품은 1990년대 중반부터 2000년대 중반까지 국내 시장을 주름잡다가 이후로는 자취를 감추기 시작했다. 나는 그 이유가 소비자의 취향이 성숙기에 접어들었기 때문이라고 본다. 큼지막한 로고를 내세워 자신을 드러내는 방식이 부담스러워졌고, 로고에 가려졌던 나의 취향을 더욱 앞세우고 싶은 마음도 영향을 미쳤을 것이다. 럭셔리 마케팅에서는 이러한 현상을 시장 성숙기의 일반적인 흐름이라고 설명한다. 브랜드의 인식이 끝나고 나면 개인의 기호가 존중되는 시기가 찾아온다는 것이다.

중국은 우리보다 훨씬 더 단기간에 이 같은 현상을 체험했다. 중국은 2000년대 초반에 럭셔리 시장이 형성됐고, 로고 열풍은 2000년대 중반부터 2010년대 초반까지 시장을 강타한 다음 놀랄 정도의 속도로 수그러들었다.

여전히 유효한
로고 플레이

　최근까지 국내 럭셔리 브랜드 시장의 흐름은 '조용한 럭셔리'였다. 특히 패션에서는 로고나 브랜드 이름은 거의 드러나지 않고 고급스러운 소재와 세월에 구애받지 않는 디자인으로 승부를 보는 제품이 인기를 얻었다. 한마디로 대놓고 자랑하는 럭셔리를 지양하는 것이 트렌드였다.

　누군가는 조용한 럭셔리의 배경으로 소비의 양극화나 팬데믹이 끝난 후의 보복성 소비가 멈춘 경향이라고 설명한다. 하지만 나는 역시 개인의 취향이 형성되고 개별화되기에 나타나는 자연스러운 모습이라고 본다. 어느 영화감독에 몰입하다 보면 처음엔 감독의 대표작을 골라 보다가, 시간이 지날수록 미개봉 작품까지 찾아내어 섭렵하는 모습과 유사한 궤적을 따라가는 셈이다.

　흥미로운 점은 최근에 럭셔리 브랜드가 로고를 강조한 제품을 내놓거나 로고 마케팅을 실시하는 모습을 심심치 않게 볼 수 있다는 사실이다. 백화점에 쇼핑하러 가서 자신이 구매하려는 브랜드의 로고를 찾아 헤맨 기억이 있을 것이다. 로고는 복잡한 거리나 쇼핑몰에서 브랜드의 위치를 쉽게 알려주는 깃발 같은 역할을 한다. 그만큼 로고는 시각적으로 즉각적인 반응을 불러일으키는 장치다. 시각적인 효과를 중요시하는 디지털 시대에 로고는 최적의 홍보와 마케팅 수단으로 새롭게 주목받고 있다.

넓어진 고객층도 무시할 수 없는 요인이다. 새로운 소비자로 대두한 MZ 세대는 자신을 표현하는 데 거리낌이 없어 브랜드의 로고를 이용한 제품을 마다하지 않는다. 로고에 몰두한 모습을 타인이 어떤 식으로 받아들이는지도 그리 개의치 않는다. 또 브랜드에 애정을 갖게 되면 깊이 파고들기 마련인데, 이들은 브랜드의 헤리티지나 역사를 탐구하는 첫걸음으로 로고의 의미와 형태를 알아보고는 한다. 즉 지금의 로고 플레이는 '유행은 돌고 돈다'라는 간단한 말로 치부할 것이 아니라 새로운 소비자의 등장과 디지털 환경의 확장에서 이유를 찾아야 한다.

번화가를 걸으면 곳곳에서 대형 광고 모니터를 발견할 수 있다. 럭셔리 브랜드의 광고가 나올 때면 어느새 걸음을 멈춘 채 넋을 잃고 쳐다보곤 한다. 광고의 목적이 사람들의 기억에 남는 것이라고 하면, 클라이맥스는 아무래도 우아한 도입부보다는 친숙한 로고가 펼쳐지는 장면이다. 브랜드의 로고는 그 어떤 표현보다 강력한 시각적 각인 효과를 지녔다.

I ♥ 고향:
브랜드의 지역 사랑

럭셔리 브랜드의 로고를 보면 아래에
도시명이 표기된 경우를 종종 볼 수 있다.
처음엔 나도 '그냥 출신지인가 보다'하고 넘겨버리다가,
취재와 여러 가지 경험을 통해 그 이상의 목적이 있다는 것을 알게 됐다.
로고에 표시된 도시명에는 브랜드가 나고 자란 지역에 대한
무한한 애정과 자긍심뿐만 아니라
그 지역의 동반 성장까지 꾀하는 의미가 담겨 있었다.

브랜드가 누리는
도시의 권위

　이탈리아 도시 로마를 대표하는 브랜드 가운데 하나인 펜디는 섬세하면서도 대담한 실루엣의 옷, 장인의 손길이 고스란히 느껴지는 핸드백 등으로 유명하다. 펜디는 로고에 'ROMA'라는 도시명을 포함하고 있는데, 로고뿐만 아니라 여러 홍보 자료를 통해서도 로마와의 깊은 관계를 과시하곤 한다.

　'모든 길은 로마로 통한다'는 격언이 있을 만큼 로마는 역사적으로 서양 문명을 대표하는 도시다. 17세기엔 영국 상류층 자제들이 '그랜드 투어'라는 이름 아래 식견을 높이기 위해 반드시 둘러봐야 할 도시였고, 지금도 문화와 예술의 중심지로서 전 세계인들을 불러 모으고 있다. 브랜드가 도시명을 내세우는 모습에는 뿌리에 대한 자부심과 함께 그 도시가 가진 '영향력'을 함께 누리고픈 의도를 배제할 수 없다. 오랜 세월에 걸쳐 형성된 로마의 권위를 배경으로 얹는 것은 다른 국가, 다른 도시 출신 브랜드가 시도하기 어려운 혜택임이 분명하다.

펜디는 2016년에 창립 90주년을 맞아 로마의 관광 명소인 트레비 분수에서 '2016~2017 오트 푸뢰르 컬렉션' 쇼를 열었다. 주제는 전설과 동화, 펜디의 독창적인 모피와 의상이었다. 한 번이라도 가본 사람은 알겠지만 트레비 분수는 1년 중 며칠 정도를 빼고는 분수의 모습을 온전히 담은 사진을 찍기 어려울 만큼 관광객이 북적거리는 곳이다. 처음에 패션쇼 장소가 트레비 분수라는 말을 들었을 때는 그 근처 어디겠거니 지레짐작했다. 그러나 7월의 어느 날 나는 트레비 분수 바로 앞의 계단에 편안히 앉아 분수 위를 거니는 모델을 감상하고 있었다. 어떻게 가능했냐고? 펜디는 분수의 윗부분을 유리로 덮어 런웨이로 만들었다. 해가 떨어질 즈음 트레비 분수의 조각상을 배경으로 모델들이 서 있는 쇼의 광경은 '역사와 패션의 만남'이라 표현하기에 충분했다.

쇼가 끝난 후 펜디의 새로운 본사로 사용되는 팔라초 델라 치빌타 이탈리아나Palazzo della Civiltà Italiana♠에서 펜디 가문의 일원이자 당시 크리에이티브 디렉터였던 실비아 벤투리니 펜디Silvia Venturini Fendi와 만날 수 있었다. 그녀는 창립자 에도아르도와 아델레 펜디 부부Edoardo & Adele Fendi의 다섯 딸 중 하나인 안나Anna Fendi의 딸이었다. 다섯 펜디 자매♠♠가 오늘날의 펜디를 있게 한 일등 공신이라는 것은 잘 알려진 사실이다. 창립자의 손녀인 실비아 역시 그간 바게트 백과 피카부 백 등 펜디

♠ '문명의 궁전'이라는 뜻으로 1930년대에 지어진 로마의 유산이다.
♠♠ 첫째 파올라Paola, 둘째 안나, 셋째 프랑카Franca, 넷째 카를라Carla, 다섯째 알다Alda.

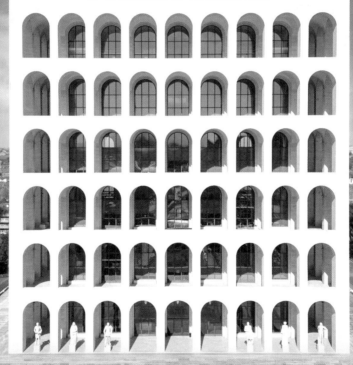

VN POPOLO DI POETI DI ARTISTI DI EROI
DI SANTI DI PENSATORI DI SCIENZIATI
DI NAVIGATORI DI TRASMIGRATORI

펜디 본사가 자리한 로마의 팔라초 델라 치빌타 이탈리아나의 베스트셀러를 만들어내며 브랜드의 상징처럼 활약해 왔다. 그녀와 나눈 대화 속에서 인상적인 것은 "브랜드의 철학은 법칙을 깨는 것입니다."라는 말이었다. 트레비 분수와 팔라초 델라 치빌타 이탈리아나처럼 도시의 역사를 증명하는 곳에서 동시대적인 제품을 선보이는 펜디를 체험한 터라 그녀의 말에 공감할 수밖에 없었다. 또한 로마의 유산을 두 군데나 사용할 수 있는 펜디와 로마의 친밀한 관계성을 실감할 수 있었다.

지역과 브랜드의
아름다운 공생

그렇다면 브랜드는 그저 출신지의 권위를 누리기만 하는 것일까? 내가 취재하고 목격한 바에 따르면 그렇지 않다. 사실 펜디는 2013년부터 '펜디 포 파운틴스FENDI for Fountains'라는, 로마의 아름다운 분수를 복원하는 사업을 진행해왔다. 그 첫 결과물이 바로 트레비 분수였다. 펜디가 트레비 분수에서 패션쇼를 열 수 있었던 것도, 그것이 로마라는 도시의 장엄한 문화유산을 있는 그대로 드러내는 방식으로 진행된 것도 브랜드와 도시의 끈끈한 이해와 교류가 뒷받침된 덕분이었다.

출신 국가에 조건 없는 사랑을 보내는 브랜드가 있다. 고미노 슈즈부터 의류에 이르기까지 이탈리아를 대표하는 럭셔리 브랜드인 토즈

TOD'S다. 토즈는 'Made in Italy'를 강조하여 브랜드 장인정신의 바탕이 이탈리아에 있음을 누구보다 강조한다.

토즈는 매년 전 세계 몇몇 프레스를 이탈리아 카프리 섬으로 초대하곤 했다. 나도 예전에 토즈의 초청을 받고 각국의 기자들과 카프리 섬으로 향했다. 이때 취재에 관한 내용은 아무것도 미리 제공받지 못했다.

바다가 훤히 내려다보이는 호텔에 짐을 풀고서 4박 5일 동안 내가 했던 일은, 언젠가 재클린 케네디 Jacqueline Lee Kennedy Onassis 가 그랬던 것처럼 카프리 섬을 유유자적 돌아다니는 것이었다. 한낮에는 섬 근처에 정박해 둔 토즈 소유의 요트 갑판에서 일광욕을 하거나 바람과 어울려 책을 읽었다. 더위를 이기지 못할 것 같으면 바다에 뛰어들어 수영하면 됐다. 저녁에는 늦도록 와인과 리몬첼로를 곁들여 음식을 즐기는 이탈리안 디너가 반복됐다.

처음에는 취재가 없다는 것이 당황스러웠다. 그러나 곧 '토즈가 제안하는 이탈리아의 라이프스타일을 경험하는 것'이 미션이라는 것을 알게 됐다. 며칠 동안 누구도 브랜드에 대해 언급하지 않았던, 그럴 필요를 전혀 느끼지 못한 휴가(?)를 보낸 이후로 오랫동안 토즈에 대한 내 인상은 카프리의 햇빛과 바다가 어우러진 여유로운 이탈리안 라이프스타일의 이미지로 남았다.

토즈는 이외에도 다양한 방식으로 세계에 이탈리아를 소개했다. 꾸준히 선보이는 커피테이블 북도 그 중 하나다. 이는 감성적이고 자

재클린 케네디가 즐겨 신었던 토즈의 고미노 슈즈

토즈의 『Aria d'Italia』에 표현된 라이프스타일

연스러운 톤의 사진으로 구성된 화보집으로, 2012년에는 『이탈리안 포트레이트』를 통해 이탈리아 남성들의 라이프스타일을 소개했다. 2022년에 서울을 찾은 디에고 델라 발레Diego Della Valle 토즈 회장은 새로운 책인 『Aria d'Italia』에서 또 한 번 여유롭고 감각적인 이탈리아의 일상을 보여주었고, 새 책에 직접 메시지를 적어주었다. 오래전 만난 나를 기억하는 따뜻한 메시지와 그림이 담긴 책은 이탈리아를 떠올리고 싶을 때마다 들춰보게 된다.

토즈 역시 이탈리아의 문화유산을 복원하는 데 자금을 후원했다. 밀라노의 16세기 건물인 마리노 궁전의 복원 자금으로 250만 유로를 기부했고, 로마의 상징과 같은 콜로세움의 복원을 위해서는 무려 2500만 유로를 쾌척했다. 복원 사업의 1단계는 1만 3,600 m^2에 이르는 대리석 표면의 먼지와 그을음을 벗겨내어 원래 색을 되찾도록 하는 것이었는데, 2016년에 이 1단계가 마무리된 것을 기념하여 콜로세움을 무대로 음악회가 열렸다.

로마를 출신지로 하는 불가리도 영화 〈로마의 휴일〉에서 오드리 헵번이 아이스크림을 먹으며 걸어 내려오던 스페인 계단을 복구하는 데 150만 유로를 지원했다. 이처럼 브랜드가 자신이 탄생한 도시와 지역의 문화유산을 지키기 위해 후원한 사례는 셀 수도 없다. 막대한 비용과 다방면의 지원을 가능하게 만드는 원동력은 첫째로 태어나 성장한 고향에 대한 애정일 것이고, 둘째는 서로 이끌고 뒷받침하며 상생을 도모하는 특별한 관계일 것이다.

————— 토즈가 후원한 콜로세움 복원 사업과 음악회

서울을 대표하는 것은
무엇일까?

파리지엥이라고 하면 어떤 이미지가 떠오르는가? 내 경우엔 '무심한듯 시크하게' 블랙 의상을 휘감은 파리의 여성이다. 또 뉴요커라고 하면 수트 차림에 바삐 걷는 남성이나 세련된 트레이닝복을 입고 센트럴 파크에서 조깅을 즐기는 사람이 떠오른다. 대중매체를 통해 퍼진 '전형적인 그 도시 사람'의 모습이다.

그렇다면 도시의 이미지가 곧 브랜드의 이미지인 경우는 없을까?

1837년 뉴욕에서 설립된 럭셔리 브랜드 티파니는 '품격 있고 실용적'이라는 이미지를 갖고 있는데, 이는 뉴욕이라는 도시가 가지는 이미지와 그대로 연결된다. 브랜드가 오래도록 도시와 밀착하여 상생하며 일군 결과다. 세세한 설명 없이 브랜드에 도시의 이미지를 더하고, 브랜드가 도시를 대표할 수 있다는 것은 그 가치를 금액으로 매기기 어려울 만큼 값진 인식이다.

그렇다면 서울을 대표하는 브랜드는 없을까? 그런 브랜드를 찾기 전에 먼저 떠올려야 하는 질문이 있다. 바로 '서울이 가지는 고유의 이미지가 무엇인가?'라는 질문이다. 최근에 서울은 세계 주요 도시를 제치고 지금 가장 '핫한' 도시의 자리에 올랐다. 요 몇 년 동안 많은 패션 브랜드들이 서울에서 쇼를 진행했고, 이 모습이 전 세계로 생중계됐다. 그런데 브랜드들은 대체 서울에 어떤 인상을 가지고 행사를 개최했던 것일까?

　누군가는 서울의 이미지를 트렌드와 첨단 기술이 융합된 곳, 현대적인 빌딩과 고궁이 공존하는 곳, K-뷰티의 고향 등으로 정의했다. 맞는 말이긴 하지만 서울의 내면이나 정수를 드러낸다고 보기에는 부족하다. 예술의 도시 파리, 음악의 고향 비엔나, 현대 미술의 중심지 런던, 국제 금융의 허브 홍콩, 초콜릿의 대명사 벨기에, 첨단 디지털 산업의 중심 실리콘 밸리, 고급 자동차의 메카 독일 등 우리가 '척하면 척'하고 떠올리는 도시의 이미지는 갑자기 얻어진 것이 아니다. 도시의 이미지는 그 지역의 사람과 환경이 무수한 시간 동안 빚어낸 결과물이다. 로마가 하루아침에 만들어지지 않았듯이, 짧게는 수십 년에서 길게는 수백 년 이상 일관성 있는 활동과 서사가 쌓여 이루어진 것이다. 지금껏 서울을 표현해 온 여러 슬로건은 눈에 보이는 현상에 초점을 두어왔다. 그러나 서울은 그 이미지와 정체성을 서둘러 정의하기보다는, 도시가 가진 매력을 다방면으로 살펴 차분히 쌓아가는 시간이 필요하다고 본다.

　앞으로 서울이 보여줄 이미지와 정체성을, 그리고 이를 담아 세계적으로 인지도를 높여가는 우리 브랜드를 상상하는 것만으로도 벌써 미소가 지어진다.

————— 티파니 더 랜드마크의 외부

티파니는 뉴욕 5번가에 있던 플래그십 스토어를 4년간 리노베이션한 뒤
2023년에 재개장했는데, 그 이름을 '티파니 더 랜드마크'로 정했다.
티파니가 곧 뉴욕이며 뉴욕이 곧 티파니라는 선언을 이보다 확실하게 할 수는 없을 것이다.

———————— 티파니 더 랜드마크의 내부

LUXURY OF LUXURY

III

고객을 사로잡은
럭셔리 중의 럭셔리

상상이 현실이 되는
VIP 세상

'파레토 법칙'이라는 것이 있다.
전체 결과의 80%가 전체 원인의 20%에서 비롯되는 현상을 가리키는 말이다.
여러 사회적 현상을 설명할 때 두루 활용되지만,
가장 자주 쓰이는 경우는 백화점에서 20%의 고객이
전체 매출의 80%를 만들어내는 모습을 설명할 때다.
VIP 고객이 중요한 것은 어느 산업이나 마찬가지다.
그러나 럭셔리 브랜드에서 VIP의 위상은 절대적이다.
전담 셀러를 두고 매년 수천만 원부터
수억 원을 쓰는 고객에게 어찌 공들이지 않을 수 있으랴.
어느 화장품 브랜드의 경우 최상급 VIP가 쓰는 돈이
연 매출의 40% 가까이 된 적도 있다고 하니 브랜드 입장에서는
말 그대로 'Very Important Person'일 수밖에 없다.
이런 VIP를 만족시키기 위해 각 브랜드는
꾸준하게 흥미로운 프로그램을 선보인다.
막대한 투자를 통해 고객이 고급스러움의 극치를 느끼게 만들고,
이제까지 상상하지 못한 경험으로 오감을 만족시키기도 한다.

VIP 서비스의
원칙

브랜드가 VIP 고객에게 서비스를 제공하는 모습에서는 몇 가지 원칙을 발견할 수 있다.

첫 번째 원칙은 '은밀함'이다. 일반적으로 VIP는 자신이 쇼핑을 하는 모습만이 아니라 존재 자체도 외부로 드러나는 것을 꺼리는 편이다. 따라서 VIP를 위한 서비스는 매우 은밀하게 준비된다.

두 번째 원칙은 '유일(only) 혹은 처음(first)'이다. 국내에 들어오는 제품을 가장 먼저 보여주고 구매할 기회를 제공하는 것이다. 매장 내 별도 공간으로 초대하는 게 일반적이지만 때로는 셀러가 고객의 집을 방문하기도 한다.

2년이 넘는 코로나 팬데믹 기간에 국내 백화점의 주얼리와 시계 매출은 예상을 뒤엎고 이전보다 대폭 상승했다. 여기에는 최소 인원으로 제한된 접촉을 선호하는 VIP 서비스 덕이 컸다. 또한 이 시기 중국이 봉쇄되어 럭셔리 브랜드 제품의 판매가 지지부진해지자 통상 중국

VIP에게 제품을 먼저 선보이던 몇몇 브랜드가 방향을 돌려 국내 시장에 제품을 먼저 소개한 것도 매출 신장에 한몫했다. 쉽게 구할 수 없는 제품을 눈앞에 두고 VIP가 지갑을 열지 않을 이유가 없는 것이다.

하이 주얼리를 비롯한 럭셔리 브랜드들은 국내에 신제품이나 한정판 제품이 입고되면 VIP를 위해 특별한 이벤트를 마련한다. 이때 초대되는 VIP 고객은 주로 매출 등 구매 이력을 선정 기준으로 삼지만, 때로는 앞으로 브랜드 충성도가 높아질 잠재성이 커 보이는 고객을 초대하기도 한다. 장소로는 호텔 연회장이나 이색적인 장소를 어느 집 거실처럼 안락하게 꾸미고(매장 같지 않은 분위기를 조성하는 것이 포인트다), 음료와 샴페인 및 간단한 음식을 준비한다. 찾아온 고객들에게 시간제한을 두거나 구매를 재촉하는 것은 금기 중의 금기다. 이 이벤트의 핵심은 '위대한 고객인 당신을 위해 무엇이든 준비돼 있습니다.'라는 메시지를 전달하는 것이다.

VIP 이벤트를 개최할 때 브랜드가 자주 겪는 애로사항이 있다. 바로 '시간'이다. VIP 대부분이 사회적으로 리더의 위치에 있다 보니 그들의 바쁜 일정이 최대의 걸림돌로 작용하는 것이다. 그래서 하이 주얼리 브랜드의 행사는 주로 매년 6~7월에 몰린다. 세계 부호들이 여름휴가를 떠나기 전 시점을 노린 것이다. 각 패션 브랜드도 이 시기에 쇼를 열어 전 세계의 VIP에게 막 나온 다음 시즌 컬렉션을 맨 앞줄에서 감상하는 특권을 제공한다.

VIP를 위한 불가리의 하이 주얼리 쇼

아무나, 아무 때나
즐길 수 없는

아무나 경험할 수 없고 어디서도 겪어본 적 없는 특별한 VIP 서비스를 제공하기 위한 브랜드의 아이디어는 한계를 모른 채 발전하는 중이다.

몇 년 전 취재 목적으로 까르띠에의 VIP 서비스 가운데 파리의 오페라 가르니에 극장을 둘러보는 투어에 참가했다. 오페라 가르니에는 이미 파리 관광객의 필수 코스로 알려진 명소인데 무엇이 특별할 게 있었을까? 이 투어로 관람한 것은 오페라가 아니라 무대 뒤편이었다. 이 극장은 나폴레옹 3세 시절 도시 개조 계획에 따라 건축가 샤를 가르니에Jean Louis Charles Garnier가 공모전에 당선되어 건축한 것이다. 무대의 화려함 못지않게 공간의 뼈대와 구성을 알아가는 과정이 충분한 즐길 거리가 되었다. 또 공간에 관한 설명을 들으며 걷다 보면 어느새 무대 중앙에 오페라의 주인공처럼 서 있는 자신을 발견할 수 있었다.

가르니에 극장의 천정에는 프랑스 화가 샤갈Marc Chagall의 작품이 설치되어 있는데, 아니나 다를까 투어가 끝나니 루브르 박물관 근처에 자리한, 샤갈의 손녀가 사는 집에서 프랑스 가정식 디너가 펼쳐졌다. 샤갈의 작품을 인상 깊게 본 사람이라면 손녀와의 대화가 시공간을 초월하여 샤갈의 편린을 마주하는 듯 뜻깊을 수밖에 없을 것이다. 사실 브랜드 창립자의 후손이나 브랜드와 관련이 있는 예술가의 집에서 만찬을 즐기는 것은 제법 자주 제공되는 서비스 가운데 하나다. VIP 고객과 브랜드 관계자들이 집주인과 더불어 식사를 하는데, 이때 대화의 주제는 브랜드나 제품과는 거리가 멀다. 이 시간의 핵심은 참석자들이 얼마나 다양한 주제를 얼마나 자유롭게 펼치며 대화를 이어가는가에 있다. 브랜드가 제공하고자 하는 것은 '와인이나 샴페인을 곁들인 우아하고 특별한 시간'인 것이다.

브랜드는 왜 매출과 직결되는 제품 대신 특별한 경험을 고객에게 제공하는 것일까? 이는 브랜드가 고객의 취향을 다면적으로 심도 있게 분석한 결과에 따른 것이다. '호화로운 경험'은 물론 여전히 VIP 서비스의 기본이지만, 날이 갈수록 높아지는 고객의 눈높이에 맞추기 위해서는 '독창적인 경험'의 개발이 필요해졌다. 어느 화장품 브랜드의 관계자는 다음과 같이 말했다.

"과거에는 고객 서비스가 '보상'에 의미를 두다 보니 보상의 감정을 크게 느낄 수 있는 '호화로움'에 집중되어 있었습니다. 그러나 현재 럭셔리 브랜드의 소비는 VIP와 브랜드의 '지속적인 관계'가 바탕에 깔려 있습니다. 그래서 소비자가 공감할 수 있고 기억에 남는 경험이 더욱 중요한 요소가 되는 것입니다."

VIP 서비스를 오래 담당했던 업계 관계자의 말도 이러한 흐름을 보여준다.

"VIP라면 당연히 고급 호텔에서 미슐랭 스타 셰프의 음식을 들고, 헬리콥터로 프랑스 고성을 돌아보거나, 영화 〈미스터 리플리〉의 한 장면을 떠올리게 하는 호화 요트에서 쉬는 프로그램을 즐깁니다. 그런데 꼭 고급스럽지 않아도 현지 부자들이 찾는 숨겨진 레스토랑이나 갤러리를 방문하는 데 더 관심을 갖기도 합니다. 이곳에 사는 사람들의 '진짜 분위기'에 젖고 싶기 때문이죠."

럭셔리 브랜드는 VIP 고객에게 선물을 보내기도 한다. 에르메스는 VIP 고객들에게 재미난 선물을 제공하는데, 승마 채찍이나 가죽으로 만든 바람개비, 수면 안대 등이 그러한 예다. 비매품 한정 수량으로 아이템 자체는 다소 가벼워 보이지만 만듦새나 소재는 최고급이다. 처음 선물을 받은 고객들은 '고맙긴 한데… 이걸 어디에 사용하지?'라고 살짝 당황하기 마련이다. 이에 대한 에르메스의 생각은 확고하다.

"우리는 해마다 주제를 정하고 일 년 내내 주제와 관계된 행사와 제품을 소개합니다. 이러한 제품을 통해 우리가 진행하는 테마의 의미를 나누자는 것이죠. 가격과는 무관한 일종의 '위트'입니다."

다시 말해 고객이 브랜드의 철학까지 이해하기를 바라는 고차원적인 접근인 셈이다.

'그 분'의
취향

VIP의 취향은 그저 호사스러운 경험에만 머물지 않는다. 게다가 야심차게 준비한 VIP 프로그램이라도 정작 고객이 마음에 들어 하지 않는다면 의미가 없다. 누군가에겐 호사스럽고 각별해보인다 해도, '그 분'에겐 귀찮고 번거롭기만 한 경험일 수 있다.

중동 지역에서 브랜드 행사가 열리면 으레 VIP 서비스로 사막 투어를 제공하곤 한다. 곡예 운전을 하는 SUV를 타고 달리다가 잠깐 멈추고서 사막을 걸어보는 것이다. 이때 아랍식 천막에 대추야자를 비롯한 달콤한 디저트를 차려놓고 티타임을 갖거나 아랍식 점심을 먹고 돌아온다. 천막 근처에 앉아 있는 낙타와 사진을 찍는 시간도 있다. 누군가에게는 일생에 한두 번 있을까 말까 하는 행사지만, 되레 고사하는 이들도 있다. 너무 덥다, 모래가 불편하다, 사막에 별 흥미가 없다 등의 이유에서다. 이처럼 VIP의 취향은 한 가지 기준으로는 설명할 수가 없다. 또한 개인적이고 독창적인 경험이라 비교하거나 우위를 평가하기도 어렵다.

그럼에도 브랜드는 갖가지 VIP 서비스를 고심하고 제안한다. 마치 씨실과 날실처럼 어울려 꾸준히 진행되는 갖가지 프로그램을 통해 고객과의 거리가 촘촘해지는 것이야말로 눈앞의 매출을 넘어서는 궁극의 목표이기 때문이다.

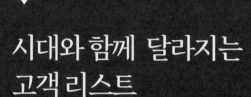

시대와 함께 달라지는
고객 리스트

"비싼 럭셔리 제품은 대체 누가 구매하는 걸까?"라는 질문은
단지 럭셔리에 관심이 있는 사람만 던지는 질문이 아니다.
이는 오히려 럭셔리 브랜드에게 가장 긴요하고도 끊임없는 화두다.
럭셔리 브랜드는 대부분 설립 초기에 왕족과 귀족 등
상류층을 고객으로 삼았다.
근대에 들어와서는 경제적으로 여유가 있고 취향을 갖춘
사회의 오피니언 리더들이 주요 고객층이 되었다.
그러나 이러한 공식은 불변의 법칙이 아니라는 사실이
최근 여러 가지 현상을 통해 밝혀지고 있다.
누가 럭셔리 브랜드의 고객일까?
시대에 따라 달라져온 고객 리스트를 들여다보았다.

경제력과 취향을 갖춘
고객층

럭셔리 브랜드 제품은 대부분 비싸다. 높은 가격이 매겨지는 이유는 여럿이다. 세월을 거스르는 디자인과 견고한 품질, 장인이 직접 손으로 한 땀 한 땀 만드는 정성과 희소성, 고급 이미지를 고수하려는 브랜드의 정책 등이 주로 거론된다.

어쨌든 럭셔리 제품은 가격이 곧 진입 장벽으로 작용하여 일정 수준 이상의 경제력을 갖춘 사람이라야 고객이 될 수 있었다. 국내에 진출한 럭셔리 브랜드들은 특정 계층을 콕 집어서 소비층이라고 규정하지는 않았지만, 브랜드의 스토리 등을 통해 고객층을 나열하면서 은연중에 고객 기준을 암시하곤 했다. 또한 럭셔리 브랜드는 제품을 단지 하나의 상품이 아니라 그 가치를 이해하고 즐길 수 있는, '취향'을 가진 사람을 진정한 고객으로 삼았다. 즉 경제력이 있고 문화적인 여유를 갖춘 사람들이 럭셔리 브랜드의 고객이 된 것이다.

럭셔리 브랜드의 진출 초기에 제품을 구매하는 연령대는 40대 이상이 많았다. 자기 직업과 분야에서 성공한, 재력을 보유한 중장년층이 대표적인 고객이었다. 성별로는 여성이 압도적으로 많았다. 초기에 소개된 제품은 특히 여성을 타깃으로 하는 의류, 핸드백, 화장품 등의 비중이 높았기 때문이다. 그러나 2010년대 이후 남성, 특히 젊은 남성들이 자기 관리에 관심을 쏟으면서 럭셔리 브랜드의 남성 고객 비중이 눈에 띄게 증가했다. 이러한 현상은 사회적으로 남성들에게도 '스타일과 그루밍이 경쟁력'이라는 인식이 널리 퍼지면서 나타났다. 남성이 피부 관리에 공을 들이고 각종 아이템으로 멋을 내는 것은 남자답지 못하다는 생각은 구시대적 인식이 됐다. 그 결과 백화점에서는 남성 코너가 확장됐고, 남성만을 위한 전용층이 신설되기도 했다. 럭셔리 브랜드 역시 남성 컬렉션을 강화하거나 신설하면서 남성 고객을 공략했다.

고객층의
확대

럭셔리 브랜드의 가치는 그저 제품으로만 설명되는 것이 아니다. 최고급의 품질 위에 이미지와 분위기, 인식이 모두 합쳐져 럭셔리 브랜드와 제품이 된다. 우리가 구매하려는 것은 단지 '보석 한 개'가 아니라 샤넬이나 까르띠에 혹은 티파니인 것이다. 이처럼 럭셔리 브랜드 고유의 분위기나 상류층 이미지를 흠모하고 희구하는 사람들도 브랜드에게는 중요한 고객층이 된다. 이러한 고객에게는 경제력을 잣대로 들이댈 수 없고, 그럴 필요도 없다. 순전히 개인의 기호이자 결정이기 때문이다.

1990년대 초반에 전여옥 작가가 쓴 『일본은 없다』(1993)라는 책이 인기를 끌었다. 저자가 일본 특파원 시절 경험한 이야기를 쓴 책인데, 책 속에는 까르띠에나 롤렉스를 차고 샤넬 백을 들고 다니는 오피스 레이디들의 모습을 묘사한 구절이 나온다. 그 책을 읽을 당시에 나는 '일본 사람들은 월급을 얼마나 많이 받기에 저런 럭셔리 브랜드 제품을 살까?'라는 생각을 했었다. 그런데 생각해 보면 일본에서는 이미 1980년대에 럭셔리 브랜드가 인기를 끌고 호황을 누리고 있었다. 1990년대에 브랜드 행사의 취재 차 해외 출장을 가 보면 기자를 몇 명이나 보냈는지가 그 나라 럭셔리 시장의 파워를 가늠하는 주요 잣대였다. 이 시기에 우리나라, 태국, 홍콩, 싱가포르와 같은 국가는 한두 명의 기자를 보낼 때 일본은 예닐곱 명씩 보내곤 했다. 이벤트나 디너 행사를 위해 기자단을 대륙별로 묶을 때도 일본은 아시아에 포함되지 않고 단독으로 분류될 정도로 특별대우를 받았다. 아마도 전여옥 작가가 책에서 묘사한 상황은 일본에서 럭셔리 브랜드가 고객의 범위를 넓혀가는 과정을 포착한 것이 아닌가 싶다.

MZ 세대의
등장

최근 럭셔리 브랜드 제품의 고객층 가운데 두드러지는 연령층은 바로 MZ 세대다. 브랜드의 국내 진출 초기에 중장년층에 머물렀던 고객 범위가 확대된 것이다. 어느 순간 거의 모든 브랜드의 주 고객이 MZ 세대가 되었고, 홍보와 마케팅의 타깃도 MZ 세대가 중심이 됐다. 2023년 롯데멤버스의 소비자분석보고서에 따르면 2022년 명품 소비자 가운데 MZ 세대가 55.9%를 차지했다고 한다. 브랜드 입장에서 현재 꾸준하게 제품을 구매해 주는 중장년층도 물론 중요하겠지만, 아무래도 미래의 소비자를 겨냥하지 않을 수 없다.

요즘 젊은 세대는 '디지털 네이티브'라 불릴 만큼 디지털 기기를 다루는 데 익숙하다. 이들의 일상에서 디지털 기기와 온라인을 제외한다는 것은 상상하기도 어려운 일이다. 이와 같은 MZ 세대에게 다가가기 위해 럭셔리 브랜드는 온라인에서도 제품을 팔며 판매 채널을 다변화했다.

본래 럭셔리 브랜드는 제품 판매 자체보다도 그 과정에서의 경험을 중시하기에 오프라인 숍이 중요한 판매처가 된다. 게다가 2000년대 중반까지만 해도 온라인에서 파는 제품은 저렴하고 대중적인 제품일 것이라는 인식이 지배적이었다. 몇 년 전 국내 굴지의 온라인쇼핑 플랫폼에 입점 여부를 고민하던 하이엔드 시계 브랜드가 떠오른다.

당시 그들의 고민은 '과연 온라인 플랫폼에 하이엔드 시계 브랜드 고객이 존재할 것인가?'였다.

이 같은 인식과 고민이 일변하게 된 계기는 바로 '코로나 팬데믹'이다. 비대면이 일상화되면서 온라인에서의 제품 판매는 선택이 아닌 필수가 되어버렸다. 이를 계기로 온라인 판매에 대한 선입견이 줄어들었고, 럭셔리 브랜드의 소비 영역이 전국구로 넓어지게 됐다. 즉 럭셔리 브랜드 제품을 사려면 서울, 강남, 백화점, 부티크 등 특정한 곳을 찾아가야 한다는 고정관념이 무너지고 저 멀리 떨어진 섬에서도 얼마든지 원하는 제품을 구매할 수 있게 된 것이다. 장소의 무한한 확대는 소비층의 다변화에도 영향을 주었다.

MZ 세대가 럭셔리 브랜드의 주요 고객층으로 올라선 데에는 이들의 부모 세대도 일정 부분 역할을 했을 것이라고 본다. 이들의 부모 세대는 럭셔리 브랜드의 국내 진출 초기에 럭셔리 제품을 경험했다. 그런 부모 세대를 보고 자란 MZ 세대에게 럭셔리 제품은 꿈에서도 보지 못한 물건은 아니었을 터다. 엄마의 화장대 위에서, 아빠의 드레스 룸에서 보았던 제품이었기에 익숙하기도 하고 관심도 높았을 것이다. 유럽에서 럭셔리 제품의 광고를 보면 가끔 볼 수 있는 문구가 '대를 이어 간직하는 ○○○'인데, 요즘이라면 유럽에서뿐만 아니라 우리나라에서도 충분히 공감을 얻을 수 있는 카피이리라.

럭셔리 브랜드 제품에 대한 MZ 세대와 그 이하 세대의 흥미와 관심은 분명 지속될 것이다. 트렌드에 민감하고 모든 것에 흥미를 느낄 나이가 아닌가. 이들은 부모 세대에 비해 럭셔리 브랜드에 관한 정보도 많이 알고 있고 이해력도 높아서 구매를 결정하기 전에 탐구하고 비교하는 수고도 마다하지 않는다. '가치' 중심의 소비를 지향하는 것도 이들 세대의 특징이다. 다수의 럭셔리 브랜드가 완제품뿐 아니라 생산 과정의 공정성과 투명성을 강조하고 홍보하는 것도 이와 떼어서 생각할 수 없다.

시작은
소소하게

럭셔리 브랜드 제품을 구매하는 고객층의 스펙트럼이 넓어졌다고는 하지만 제품에 따라서는 구매층이 다소 나뉘어 있는 것도 사실이다. 핸드백이나 구두 등의 가죽 액세서리는 취향에 따른 선택이 많을 수 있으나, 하이 주얼리와 시계는 경제력의 영향을 크게 받는다. 가격 면에서 제품의 진입 장벽이 매우 높고, 전 세계적으로 한 피스씩만 제작되기도 하여 컬렉션의 의미가 더해지므로 신중한 선택이 요구된다.

그렇다면 하이 주얼리와 시계 브랜드는 고객층을 확장할 여지가 그다지 없는 것일까? 그렇지는 않다. 연령과 취향이 다양해진 소비자를 두루 배려하기 위해 럭셔리 브랜드는 입문용 제품인 '엔트리 모델'의 생산을 꾸준히 늘려가고 있다.

부쉐론BOUCHERON의 시그니처 콰트로 링

수천만 원에서 수억 원대를 호가하는 제품을 선보이던 하이 주얼리 브랜드가 수백만 원대의 펜던트와 링 등을 꾸준히 생산하고 소개하는 이유는 단지 매출의 확대보다는 MZ 세대 등 럭셔리 브랜드에 입문하고자 하는 고객층과 유대감을 우선 형성하기 위함이다. 쿼츠 시계♦를 구입한 고객이 시간이 흘러 기계식 하이엔드 시계를 구매하게 되는 것처럼 자연스러운 심화 과정을 노리는 것이다.

♦ 내부에 석영quartz을 진동자로 두고 1초를 세는 단위로 사용하는 시계. 디지털 회로를 가지고 있으며 전지를 전력으로 쓴다.

또 최근에 젊은 세대들 가운데 결혼반지로 묵직한 솔리테어 다이아몬드 대신 브랜드의 커플링을 구매하는 경우가 늘고 있다. 다이아몬드 링은 상징적인 의미는 있지만 생활 속에서 사용하기 불편하고, 브랜드의 솔리테어 링이 아니라면 차라리 아이콘 링이 디자인도 훌륭하고 취향을 나타내기에 안성맞춤이라 판단하는 것이다. 이는 요즘 세대의 럭셔리 브랜드 제품 구매 성향을 잘 보여주는 사례다.

과거에는 경제력 있고 문화를 즐길 줄 아는 중장년층이 럭셔리 브랜드의 주요 고객층이었다. 그러나 앞서 여러 사례를 살펴본 것처럼 시간이 흐를수록 럭셔리 브랜드 제품을 구매하는 고객층은 어느 하나를 단정하여 말하기 어렵게 변화하고 있다. 럭셔리 브랜드의 소비 주체는 귀족과 왕족 등 상류층에서 신흥 부자로, 그리고 부자가 되고 싶거나 그들의 분위기를 흠모하는 사람들로 변화해 왔고, 오늘날에는 특정 계층이 아닌 개인의 취향에 따라 소비가 이루어진다. 고객층이 한 가지의 VIP 프로그램이나 홍보 플랜으로 포용할 수 없게 다양해지는 만큼, 취향과 선택지가 훨씬 넓어진 소비자에게 어필하려면 이전에는 고려하지 못했던 세세한 것에도 신경을 써야 한다. 다양해진 고객층을 향한 럭셔리 브랜드의 섬세한 전략이 더욱 필요해질 것으로 보이는 이유다.

일상으로 파고든 판타지,
하이 주얼리

럭셔리 브랜드를 잘 아는 소비자들에게
까르띠에, 티파니, 불가리, 반클리프 아펠 등은 매우 친숙한 주얼러다.
럭셔리 브랜드가 국내에 본격적으로 진출할 당시
까르띠에와 불가리는 먼저 시계로 인지도를 쌓았다.
그러나 본업이 주얼러였던 만큼 이들은
점차 웨딩 링이나 아이코닉한 디자인의 주얼리를 소개했고,
매 시즌마다 하이 주얼리를 선보이고 있다.
소비자의 모습도 달라졌다. 과거에 주얼리는 특별한 날에만
착용한다는 인식이 있었으나 이제는 일상적으로 착용하는 이들이 늘었다.
또 보석은 여성의 전유물이라던 생각도 바뀌어
다양한 남성 주얼리가 소개되고 팔리는 중이다.
여러 변화 가운데 특히 눈여겨볼 만한 것은
하이 주얼리에 대한 사람들의 관심이 매우 높아졌다는 점이다.
하이 주얼리는 대체 어떤 매력으로 많은 사람을 사로잡았을까?

주얼리의 정점,
하이 주얼리

나는 2000년대 초 반클리프 아펠의 르 자르뎅 컬렉션을 시작으로 본격적인 하이 주얼리 컬렉션 취재에 들어갔다. 물론 이전에도 신제품 주얼리나 각 브랜드의 아카이브 컬렉션을 취재하는 일은 종종 있었다. 그렇지만 '신제품' '하이 주얼리' 취재는 그때가 처음이었다. 당시 반클리프 아펠은 정원이라는 주제로 꽃과 나무를 표현한 다채로운 제품을 선보였다. 한두 개가 아닌 수십 또는 수백 개의 하이 주얼리 피스가 뿜어내는 빛은 말 그대로 휘황찬란했다.

하이 주얼리라는 용어는 프랑스어인 '오트 주얼리Haute Joaillerie'에서 유래되었다고 한다. 이는 최고의 원석을 가장 정교한 기술을 이용해 독창적인 디자인으로 제작한 주얼리를 의미한다. 제품 가운데 급을 나눈다면 최상위급이다. 이런 하이 주얼리 제품을 두고 간혹 작품이라 부르는 상황을 마주할 때가 있다. 자부심이 과한 것 아니냐는 시선이 있을 수 있으나 이에 대해 브랜드 관계자는 이렇게 말했다.

> "하이 주얼리 컬렉션에서는 디자인 당 피스를 하나씩만 만듭니다. 모두가 유니크 피스인 것이죠. 하나의 예술작품을 창조하듯이 만드는 것입니다. 그래서 작품이라는 말이 과장이라고 생각지 않습니다."

유명 주얼리 메종들은 공통적으로 우아하고 화려하며 고상한 이미지를 가지고 있다. 이들은 대체로 설립 초기부터 왕실이나 귀족을 고객으로 삼았기에 상류층의 전유물이라는 인식을 퍼뜨릴 수 있었다. 까르띠에는 '왕의 보석상, 보석상의 왕'이라는 근사한 별명을 갖고 있는데, 창립 초기부터 프랑스, 영국, 러시아, 스페인 등의 유럽 왕실 그리고 인도의 마라하자[군주]들과도 유대감을 갖고 그들을 위한 여러 가지 제품을 만들었다. 까르띠에의 저 별명도 영국의 에드워드 7세가 부여한 것이다. 티아라로 유명한 브랜드 쇼메CHAUMET 역시 나폴레옹 황제와 그의 부인인 조세핀 황후Marie Josèphe Rosé Tascher de La Pagerie와 얽힌 스토리와 제품을 다수 보유하고 있다. 이러한 역사와 유산이 브랜드의 이미지로 이어져 내려오는 것이다.

우아하고 화려한 이미지를 더욱 공고하게 만드는 것은 각 브랜드가 보유한 놀라운 기술력이다. 티파니 세팅, 미스터리 세팅, 퍼 세팅, 팔라스 데코 등은 특허를 출원했을 정도로 고유하고 가치 있는 기술이다. 브랜드들은 이러한 기술들을 활용해 다루기 어려운 원석을 아름다운 디자인으로 제품화하며, 이 모든 과정은 가장 섬세한 도구인 '사람의 손'으로 이루어진다.

하이 주얼리와 고급 요리의 공통점은 재료가 매우 중요하다는 것이다. 파인 다이닝에서도 식재 고유의 맛을 살리는 데 중점을 두는 것처럼, 하이 주얼리 제작에도 소재인 원석이 가진 개성과 잠재력을 살리는 것이 중요하다. 까르띠에 하이 주얼리 컬렉션 행사장에서 만난 크리에이티브 디렉터 재클린 카라치Jacqueline Karachi는 하이 주얼리 제작에 가장 중요한 것이 무엇인지 묻는 나의 질문에 이렇게 대답했다.

"역시 원석이 제일 중요합니다. 최상의 원석을 확보하는 순간 그 원석의 매력을 극대화하기 위한 디자인을 구상하기 시작합니다."

가장 숙련된 장인이 최상급의 원석을 이용해 독창적인 디자인으로 만드는 하이 주얼리를 주얼리의 정점이라 부르는 데 이의를 제기할 사람은 많지 않을 것이다.

하이 주얼리 인기의
배경

국내에서 하이 주얼리 바람이 본격적으로 불기 시작한 것은 대략 2010년대 후반을 전후해서다. 2000년대 초부터 하이 주얼리 컬렉션을 취재해 온 나였지만, 몇 년 전부터는 훨씬 많은 브랜드가 취재 요청을 해왔다. 일반적으로 하이 주얼리의 타깃은 여타 럭셔리 브랜드의 고객보다 폭이 좁고 제한적이라는 인식이 있다. 그럼에도 불구하고 주얼러들은 하이 주얼리를 더 다양한 미디어와 소비자에게 노출시키기 시작했다. 이 같은 미디어 전략은 구매 여부와 관계없이 대중들에게 하이 주얼리를 이전보다 가깝게 느끼도록 만들었다.

주얼리를 대하는 소비자들의 태도도 이전과 달라졌다. 주얼리는 어느새 옷이나 향수, 자동차 등과 함께 개인의 취향을 드러내는 도구가 됐다. 과거에 주얼리는 특별한 날이나 상황에만 착용하는 아이템이었을 뿐, 옷처럼 골라서 착용한다는 인식은 별로 없었다. 그러나 이제는 주얼리도 자신의 스타일을 결정하는 요소의 하나가 되어 선택을 즐기게 됐다. 까르띠에의 러브, 반클리프 아펠의 알함브라, 부쉐론의 콰트로, 불가리의 비제로원 등 각 브랜드의 아이코닉 모델이 젊은 세대를 중심으로 인기를 얻고 있으며, 웨딩 링은 무조건 다이아몬드로 하던 흐름에서 벗어나 브랜드의 캐릭터가 드러나는 링을 고르는 일도 많아졌다.

브랜드의 광고와 홍보 전략도 거들었다. 주얼리란 일상적으로 착용할 수 있는 것이며, 선택을 통해 자신의 스타일을 드러낼 수 있다는 메시지가 브랜드의 광고와 홍보활동을 통해 전달됐다. 2000년대 초 이탈리아의 주얼리 브랜드 다미아니DAMIANI의 본사를 방문했을 때, 창립자의 딸이자 크리에이티브 디렉터였던 실비아 다미아니Silvia Damiani 는 내게 '에브리데이 주얼리'를 설명해 주었다. 그녀는 영화배우 브래드 피트Brad Pitt가 디자인에 참여한 디 사이드 링을 포함해 몇 가지 디자인을 보여주면서 "주얼리야말로 옷 갈아입듯이 스타일에 맞게 착용하고 즐겨야 합니다."라고 말했다.

2019년에 부쉐론의 방돔 플래그십 스토어를 찾았을 때 부쉐론이 준비 중인 신제품 주얼리 광고 이미지를 보고 적잖이 놀란 적이 있다. 주얼리를 착용한 모델이 캐주얼한 스웨터를 입고 활짝 웃고 있는 게 아닌가? 주얼리 광고라 하면 으레 모델이 우아한 드레스를 입고 도도한 표정으로 파티에 참석하는 모습을 보여주는 게 일반적이었는데, 그런 선입견을 단숨에 날려버리는 이미지였다. 브랜드에서 보여주는 주얼리의 이미지는 여전히 품격 있고 아름다웠지만, 그때 이후로는 범접할 수 없는 압도적인 화려함 외에 다른 모습도 발견할 수 있게 됐다. '멀고도 가까운'이라는 전략이 영리하게 적용되고 있었다.

주얼리를 일상에서 즐길 수 있다는 인식이 퍼지고 나자 주얼리에 대한 관심은 자연스럽게 하이 주얼리로도 이어졌다. 하이 주얼리의 인기에는 전 세계를 강타한 코로나 팬데믹도 한몫했다. 국내에서 하이 주얼리 판매가 본격화된 것은 코로나 시기라고 보는 이들이 많다. 당시 이동과 대면이 제한된 시기여서 백화점이나 브랜드에서는 개인별 또는 소규모 프레젠테이션을 통해 하이 주얼리를 소개했다. 그런데 확실한 구매 파워를 가진 이들을 엄선해 집중한다는 전략이 럭셔리 시장의 특성과도 맞아떨어져 높은 매출로 이어졌다. 또 중국 봉쇄로 인해 중국의 럭셔리 시장이 활동을 멈추자 하이 주얼리 피스가 한국에 먼저 들어오게 되어 고객들은 가장 가치 있는 제품을 먼저 고르는 기쁨을 누릴 수 있었다.

하이 주얼리의 인기는
이어질까

럭셔리 브랜드의 소비 패턴에는 흐름이 존재한다. 시장의 도입 초기에는 핸드백과 슈즈 같은 가죽 제품이 주목받고, 이후엔 의류나 시계 또는 주얼리로 확장된다. 화장품 분야에서 처음엔 립스틱 같은 메이크업 제품이 인기를 끌다가 스킨케어와 향수, 바디케어처럼 개인의 취향을 극대화하는 제품으로 이동하는 것과 비슷하다.

그간 국내 소비자들에게 주얼리는 온전히 취향을 어필할 수 있는 제품군이 아니었다. 간단한 주얼리 정도야 일상에서 소화할 수 있지만 하이 주얼리는 수시로 착용하기 어려웠기 때문이다. 한마디로 하이 주얼리를 걸치고 갈 만한 행사가 없었다. 그러나 파티 문화와 커뮤니티 문화가 무르익고 각 상황에 맞추어 옷과 액세서리를 하는 것이 매너로 자리 잡으면서 비로소 주얼리가 제 무대를 얻게 됐다. 또 각 브랜드가 저마다 개최하는 하이 주얼리 이벤트는 고객에게 감사를 표시하는 동시에 그들이 하이 주얼리를 뽐낼 절호의 기회를 제공하는, 매우 영리한 전략이었다.

핸드백과 의류 정도로는 자신의 스타일과 사회적 위치를 전달하기 어렵다고 느낀 소비자들이 하이엔드 시계와 주얼리로 더욱 고급화하려는 소비 패턴도 무시할 수 없으리라. 국내 소비자들의 세련된 취향과 늘어나는 구매력은 어느새 우리나라가 하이 주얼리의 유망한 시장으로 발돋움하는데 기여했다. 인덕대학교 주얼리디자인학과 심관선 겸임교수는 하이 주얼리 인기의 비결을 다음과 같이 설명했다.

"자기표현에 적극적인 것은 세대를 가리지 않습니다. 아름다움의 추구, 프리미엄을 추구하는 경험 중심의 소비문화 그리고 안전 투자 가치에 대한 인식도 하이 주얼리 인기의 비결입니다. 하이엔드 브랜드의 역사적인 유산과 기술력의 문화적인 가치를 소비자가 인지한 것도 배경의 하나라고 생각합니다. 그리고 구매자의 시점에서는 대를 이어 소장한 제품의 재판매도 고려한다고 생각됩니다. 전 세계 옥션에서 거래되는 보석의 가격이 하이 주얼리의 가치를 증명하는 것이죠."

까르띠에, 티파니, 불가리는 흔히 3대 주얼리라 불리며 전통적인 인기를 과시해 왔다. 여기에 반클리프 아펠을 비롯해 부세론, 쇼메, 쇼파드Chopard, 피아제PIAGET, 프레드FRED, 다미아니 등 다른 주얼리 브랜드도 각자의 브랜드 아이덴티티와 제품으로 인기를 얻고 있다.

전통적인 주얼러뿐 아니라 샤넬, 루이 비통과 디올, 구찌, 돌체앤가바나DOLCE&GABBANA, 에르메스에서도 하이 주얼리 컬렉션을 선보이고 있다. 기존 주얼리 브랜드에 비해 역사가 길지 않은 럭셔리 브랜드가 내놓은 하이 주얼리에 조금은 의아한 눈길을 보내던 소비자들도 이제 패션 브랜드 특유의 스타일이 담긴 색다른 매력을 발견하는 중이다. 소비자 입장에서는 선택의 폭이 넓어지는 것이니 마다할 이유가 없다.

소비자의 안목이 높아질수록 제품에 대한 기대도 깐깐해지고 높아진다는 사실만 기억한다면 하이 주얼리의 인기는 충분히 지속될 것으로 보인다.

부쉐론의 이스뚜아 드 스틸 2025 하이 주얼리 컬렉션
'길들여지지 않은 자연'을 표현한 이미지

한계가 없는
하이 주얼리의 스펙트럼

패션 분야에 종사하는 지인과 이런 대화를 나눈 적이 있다.

"패션쇼를 보면 저런 옷을 어떻게 입을까 싶은 디자인이 있어요.
어떤 의도로 그런 디자인을 선보이는 것일까요?"
"패션쇼는 디자이너가 자기 상상력을 마음껏 펼치는 무대와 같아요.
사람들이 입기 좋은 옷뿐 아니라 이런 디자인도 가능하구나,
이런 소재도 옷으로 표현될 수 있구나 같은 가능성을 보여주는 것이죠."

우문에 현답이랄까. 이 대화의 기억은
놀랄 만한 디자인의 하이 주얼리를 만날 때면 종종 되살아난다.
동화의 아름다운 한 장면을 묘사한 제품, 기하학적이고 건축학적인
멋이 가득한 제품, 우주에서 벌어지는 천체 활동의 어느 순간을
표현한 제품 등 하이 주얼리 디자인에는 한계가 없어 보인다.
환금성을 기준으로 투자 목적에서 하이 주얼리를 구매하는 이들도
있지만, 하이 주얼리는 그 가치를 쉽게 매길 수 없는
'특별한 존재감'을 갖고 있다는 사실을 부인할 수 없다.

원석의
가치

하이 주얼리의 가치에서 재료가 되는 원석의 영향력은 막강하다. 하이 주얼리는 최상급의 프레셔스 스톤, 즉 다이아몬드, 루비, 사파이어, 에메랄드로 만들어진다.

주얼리에 대한 관심이 높아진 이후 제품의 재료가 되는 원석에도 관심을 갖고 지식을 갖춘 소비자들이 많이 늘어났다. 어느 주얼리 브랜드의 하이 주얼리 담당자는 이렇게 말했다.

"하이 주얼리 고객 가운데는 원석에 대한 지식이 상당한 분도 많습니다. 최상급 다이아몬드인 Type 2A를 구분할 줄 알고, 이런 다이아몬드로 만들어진 제품을 요구하기도 합니다."

다이아몬드라면 투명한 것만 알던 것을 넘어 희귀 다이아몬드인 옐로, 브라운, 블루, 핑크 다이아몬드를 찾는 고객도 많아졌다. 이러한

까르띠에는 일찍이 인도의 마하라자들과 교류가 많았는데,
그들은 자신들이 소유한 다수의 프레셔스 스톤으로
제품을 만들어달라고 주문하곤 했다.
까르띠에의 걸출한 감성도
다량의 고품질 원석을 만나지 못했다면
'파티알라 네크리스'(1928) 같은 걸작이
나오기 어려웠을 것이다.

까르띠에의 파티알라 네크리스
Credits and Copyrights Nick Welsh, Collection Cartier ©Cartier

원석을 사용한 제품의 국내 전시도 인기가 높아지고 있다.

하이 주얼리 열풍은 국내뿐만 아니라 전 세계적으로 일어나는 중이다. 하지만 이 때문에 벌어지는 문제가 있으니 바로 공급량이 부족해지는 현상이다. 프레셔스 스톤은 생산량이 날로 줄고 있고 원석이 고갈되는 광산도 많아졌다. 그래서 최근에는 프레셔스 스톤을 대신하여 세미 프레셔스 스톤인 라피스라줄리, 아쿠아마린, 가넷, 루벨라이트, 터쿼이즈, 오팔 등의 사용량이 부쩍 늘었다. 물론 이들 역시 귀한 원석이지만, 그간은 프레셔스 스톤에 가려 가치를 인정받지 못하다가 이제야 그 위상이 올라간 것이다.

이러한 시장의 변화에 관해 인덕대학교 주얼리디자인학과 심관선 겸임교수는 다음과 같이 설명한다.

"Type 2는 무색의 결점 없는 다이아몬드로 전체 매출량의 1~2%에 그칩니다. 순수한 탄소로 구성된 다이아몬드로 일반적인 다이아몬드보다 좀 더 깊은 곳에서 산출됩니다. 2024년 기준으로 지각에서 250km에서 400km의 깊이라고 확인되었습니다. 다이아몬드 가격은 2024년을 기점으로 많이 하락했습니다. 그럼에도 최상급 다이아몬드와 팬시 컬러 다이아몬드에 대한 가치 평가는 상승 예정입니다. 희소성과 관련이 있기 때문입니다. 유색석으로는 캐시미어 사파이어, 버마 루비, 브라질 파라이바 투르말린, 알레산드라이트, 페드퍼라챠 사파이어, 콜롬비아 무조

————— 2024 블루 북 컬렉션 '티파니 셀레스테' 봄과 가을 컬렉션 제품

에메랄드, 차보라이트 가넷, 산출지가 유일한 탄자나이트와 최상의 오팔 등이 점점 희귀해질 것으로 예상됩니다. 전 세계적으로 프레셔스 스톤과 세미 프레셔스 스톤의 차이가 사라지고 희소성이 높은 보석을 중심으로 시장이 바뀌고 있음을 알 수 있습니다.”

국내 소비자들이 가장 좋아하는 원석인 다이아몬드의 미래에 대해서도 궁금하지 않을 수 없다. 이에 대해 심관선 겸임교수는 이렇게 덧붙였다.

“우리나라는 2023년 기준으로 2,800억 원가량의 천연 다이아몬드를 소비했습니다. 다이아몬드가 가진 상징성과 의미, 희소성, 아름다움과 투자 가치 등의 매력이 국내 소비자에게 통하기 때문입니다. 다이아몬드의 채굴량은 2005년 이후 연간 5%씩 줄고 있으며 2014년과 비교하여 2050년의 생산량은 65%~90%까지 감소하리라 예상합니다. 현재는 전 세계적으로 원석의 생산이 감소하고 낮은 채산성과 전쟁의 영향으로 가격 하락 압박에 시달리고 있습니다. 또한 가심비 좋은 랩그로운 다이아몬드의 출현과 그 추이도 지켜보아야 할 상황입니다.”

현명해진 소비자들은 이제 구매할 다이아몬드의 품질만 따지는

것이 아니라 원석이 채굴되고 유통되는 모든 과정이 공정하고 윤리적
으로 이루어지는가에 대해서도 관심을 둔다. 지속가능성에 대한 인식
도 높아져서 브랜드마다 채굴과 유통 과정을 상세히 소개하는 경우도
부쩍 늘었다.

독창적인 디자인과
이를 구현하는 최고의 기술력

하이 주얼리에는 브랜드가 애지중지하는 원석과 기술력이 총동원
된다. 또 장인이 디자인 당 하나씩만 생산하는 유일무이한 제품이므
로 고유성에 따른 가치도 매우 높을 수밖에 없다.

까르띠에는 창립자의 손자들인 루이, 피에르, 자크 까르띠에Louis &
Pierre & Jacques Cartier 삼형제에 의해 국제적인 럭셔리 브랜드로 발돋움했
다. 이 중 셋째인 자크는 런던 지점의 책임자로서 당시 영국의 식민지
였던 인도의 마라하자들과 긴밀한 관계를 맺었다. 인도는 지금도 온
갖 프레셔스 스톤이 다량 생산되는 보석의 성지로, 마라하자들은 원
석의 제공과 제품의 판매에서 매우 중요한 위치에 있었다. '투티 프루
티Tutti-Frutti' 디자인은 이 교류의 과정에서 인도 주얼리의 스타일을 서
양식으로 재해석하며 탄생한 것이다. 투티 프루티는 독창적인 컬러의
조화를 자랑한다. 지금이야 그린, 레드, 블루 컬러의 조합이 익숙하지

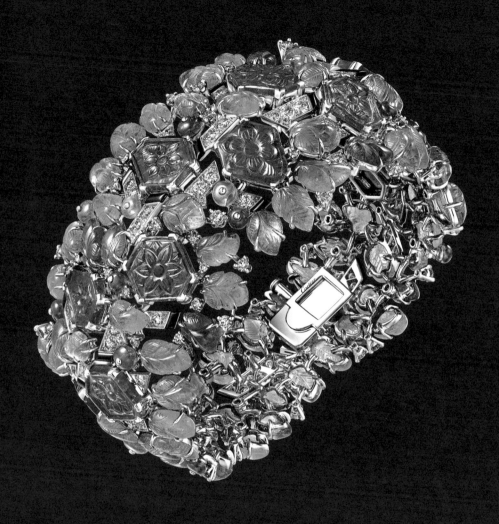

까르띠에는 대담하고 화려하며 또한 건축학적인 디자인을 선보이곤 한다.
까르띠에의 디자인 가운데는 '투티 프루티'가 유명하다.
투티 프루티는 이탈리아어로 '온갖 과일'을 의미한다. 말 그대로 에메랄드, 루비, 사파이어 등의
스톤을 가공하여 꽃, 과일, 종려나무 잎 등을 표현하는 제품을 제작한다.

———

까르띠에의 투티 프루티 하이 주얼리 브레이슬릿 컬렉션

까르띠에 팬더 워치

만, 당시에는 매우 이색적인 컬러 조합으로 화제가 됐다. 게다가 잎사귀를 표현하기 위해 에메랄드나 사파이어에 무늬를 새기는 기술은 그 정교함이나 난이도가 타의 추종을 불허한다. 투티 프루티 스타일은 당시를 대표하는 디자인의 하나로 평가받고 있다.

까르띠에의 전매특허나 다름없는 또 하나의 기술은 '퍼 세팅Fur setting'이다. 이는 동물을 모티프로 삼은 제품에서 그 털의 모양을 표현하는 기술인데, 금속의 결을 미세한 털의 형태로 다듬는 까르띠에의 축적된 노하우를 확실하게 보여준다.

까르띠에는 1914년부터 팬더를 모티프로 삼은 제품을 선보이기 시작했다. 그러다가 1948년에 크리에이티브 디렉터 쟌느 투상Jeanne Toussaint이 팬더를 3차원으로 해석하면서 생명력을 불어넣었다. 그녀는 사실적인 표현을 위해 조수를 데리고 파리 근교 동물원을 방문하여 팬더를 관찰했다고 한다. 근육의 미세한 느낌마저 살아 있는 팬더의 디자인은 이 같은 노력으로 탄생한 것이다.

하이 주얼리 제작 기술을 언급하면서 빼놓을 수 없는 제품이 반클리프 아펠의 '지프 네크리스'다. 1950년대에 탄생한 오리지널 지프 네크리스는 지퍼에서 영감을 받아 열면 네크

생동감이 넘치는 까르띠에의 팬더

리스로, 닫으면 브레이슬릿으로 착용할 수 있는 혁신적인 디자인을 갖고 있다. 고급스러움을 생명으로 여기는 하이 주얼리 제품에 실용성을 가미한 시도 자체만으로도 반클리프 아펠의 진취적인 태도를 엿볼 수 있다.

반클리프 아펠을 상징하는 노하우로 꼽히는 기술은 1933년에 특허를 출원한 '미스터리 세팅'이다. 보석 가장자리에 아주 작은 홈을 파서 얇은 금속 레일에 맞추어 보석을 고정하는 방식으로, 이 기술을 사용하면 보석을 세팅해도 금속이 보이지 않는다. 그 결과 보석이 정교하고 매끄러운 표면을 갖게 되면서 광원을 다양한 각도에서 반사하여 더없이 화려한 빛을 발산하게 된다. 주로 루비를 가공한 제품을 만들 때 사용하는 기술이지만 사파이어, 에메랄드, 다이아몬드에도 적용할 수 있다. 이 기술을 완벽하게 구사할 수 있는 장인은 전 세계에서도 극소수에 불과하며, 클립 제품을 완성하는 데 평균 300시간 정도가 걸린다고 한다.

결혼반지의 대명사인 티파니의 '티파니 세팅'도 지나칠 수 없다. 갈퀴 모양을 한 6개의 프롱prong이 다이아몬드를 고정하여 마치 다이아몬드가 공중에 떠 있는 듯 세팅하는 기법이다. 금속 사용을 최소한으로 제한하여 다이아몬드가 빛을 최대한 반사하게 만드는 것이 핵심이다. 이 기술은 무려 1886년에 처음 소개되어 현재에 이르기까지 가장 인기 있는 세팅 방법으로 쓰이고 있다.

하이 주얼리 제작에 사용하는 기술의 핵심은 물론 그 아름다움을 극대화시키는 것이지만, 동시에 고려해야 할 것이 '편안한 착용감'이다. 몇몇 하이 주얼리 제품을 보면 '과연 착용하는 것이 가능할까?' 혹은 '착용하기에는 너무 무겁지 않을까?' 같은 의구심이 생기곤 한다. 브랜드가 이 같은 고민을 하지 않았을 리 없다. 제품의 무게가 덜 나가게 하는 것이나 피부에 이물감 없이 안착하게 만드는 것 등은 오래전부터 브랜드의 과제였다. 피아제의 '팔라스 데코 세팅'은 이러한 고민 끝에 나온 결과물이다. 이는 천 개의 링크를 하나하나 수작업으로 연결하여 금속 표면에 이음새가 드러나지 않게 만드는 기술이다. 실제로 손목이나 목에 착용하면 실크나 천을 두른 듯 착 감기는 편안함이 느껴진다. 높은 가격대의 제품이 다루기 조심스럽고 실용적이지 못하다면 누가 선뜻 구매할까? 럭셔리 브랜드라고 하면 '실용성과 편안함'은 뒷전일 것처럼 여기는 경우가 많지만, 사실 럭셔리 브랜드야말로 고객의 편안함을 최우선으로 고려한다.

하이 주얼리에서도 작용하는
스타일의 힘

내가 결혼한 시기에는 예물을 주고받는 것이 관례였다. 그때만 해도 주얼리의 가치는 일단 원석의 크기와 품질로 매겨졌다. 이는 물론 오늘날에도 주얼리를 고를 때의 중요한 선택 기준이다. 다만 과거와 달라진 점이 있다면 스타일이나 디자인도 선택의 필수 요건으로 대두되었다는 점이다. 또 여러 주얼리 브랜드가 첨예한 경쟁을 거듭하며 스타일이 차별화의 중요한 요소로 떠오르게 되었다.

2000년대 초에 도쿄 오모테산도에 오픈한 디올 부티크에 방문한 적이 있다. 부티크 한편에는 하이 주얼리 아티스틱 디렉터인 빅투아르 드 카스텔란Victoire De Castellane이 만든 제품이 전시되어 있었다. 동화 속 한 장면을 연상시키는 배경에 주얼리와 함께 작은 인형들을 배치해둔 것이었다. 당시 나는 '하이 주얼리라면서 이렇게 귀엽고 아기자기한 제품을?'이라고 생각했다. 이후에도 그녀는 전통적인 주얼러의 틀에서 벗어나 자연과 동화, 현실과 상상을 넘나드는 독특한 컬렉션을 내보였다. 원석의 조화도 늘 파격의 연속이었다. 프레셔스 스톤만으로 구성하지도 않았고, 대비되는 컬러의 조합은 신선하다 못해 놀라운 수준이었다. '너무 창의적인 디자인이라 실제로 고객이 구입하기에는 좀 무리가 아닐까?'라는 의문이 들었던 것도 사실이다. 그러나 고객의 취향은 언제나 변한다는 사실을 나는 잊고 있었다. 고객들은 정통적인 주얼리 브랜드가 내놓는 디자인과 품질의 하이 주얼리도 좋아했지만, 이제까지 보지 못한 새로운 하이 주얼리에도 촉각을 곤두세웠다. 또 나에게만 어울리는 제품을 찾고 싶다는 인식이 퍼지면서 기존과 다른 결의 디자인이 인기를 얻기 시작했다. 몇 년 전부터 디올의 하이 주얼리는 소개되는 족족 엄청난 인기를 누리며 판매되고 있다. 디올 하이 주얼리의 인기를 그저 트렌드의 변화라고 치부할 수 없는 것은, 앞서서 새로운 시도를 품을 만큼 확실한 브랜드 정체성과 포용력이 뒷받침되었기 때문이다.

파격적인 디자인이라고 하면 부쉐론도 만만치 않다. 도전을 즐기는 크리에이티브 디렉터 클레어 슈완Claire Choisne이 진두지휘하여 하이 주얼리를 선보이는데, 그의 컬렉션이 보여주는 특징은 꿈과 현실이 조화를 이룬다는 점이다. 어느 때는 당장 구매하고 싶을 정도의 품격 있고 사랑스러운 주얼리를, 또 어느 때는 예술작품이 아닌가 싶을 정도로 상상력이 응집된 컬렉션을 내놓는다. 엘리자베스 여왕으로부터 영감을 받은 '라이크 어 퀸' 컬렉션은 왕실 주얼리 세트를 그대로 옮겨온 듯 기품 넘치는 주얼리로 가득했고, 최근의 '까르뜨 블랑슈, 모어 이즈 모어More ie More' 컬렉션은 커다란 리본과 후드 티 링 등 여타 하이 주얼리 브랜드들은 생각지도 못했던 아이템을 내놓아 화제를 일으켰다.

압도적인 화려함과 구조적인 디자인의 까르띠에, 대담하고 자유로운 디자인과 컬러의 배합을 선보이는 불가리, 우아하면서도 시크함을 간직한 반클리프 아펠, 자연스러운 디자인을 선보이며 다이아몬드의 대명사가 된 티파니, 여성스러움이 한껏 드러나는 쇼메, 형형색색의 변주와 자연의 모티프가 돋보이는 피아제, 도전적이면서도 기품이 있는 부쉐론 등 그 어느 때보다 다채로워진 주얼리 스펙트럼에서 브랜드 저마다의 스타일이 앞으로 얼마만큼의 영향력을 행사할지를 지켜보는 것은 무척 기대되는 일이다.

부쉐론의 상징적인 퀘스천 마크 네크리스

부세론의 까르뜨 블랑슈 2023 하이 주얼리
'모어 이즈 모어'를 표현한 반지

시계는 시각을
확인하는 물건이 아니다

시계란 본래 시각을 알기 위해 구매하는 물건이다.
하지만 이제 몸의 일부처럼 들고 다니는 핸드폰으로 얼마든지
시각을 확인할 수 있게 되면서 시계의 본래 기능은 유명무실해졌다.
이제 시계는 개인의 스타일을 담아내는 패션의 맥락에 놓여 있다.
또 과거에 하이엔드 시계는 취향을 반영하기보다는 예물의 의미를
담기에 적절한 것이 선택받고는 했는데,
지금은 마치 옷이나 액세서리처럼 TPO와 개성에 맞추어
하이엔드 시계를 선택하는 경우가 훨씬 늘어나고 있다.

하이엔드 시계 시장의
폭발적인 성장

우리는 언제 자기 손으로 시계를 살까? 학교 졸업을 기념해서? 입사 기념으로? 내 생각에는 많은 경우가 결혼을 앞두고 예물용으로 구매할 것 같다. 물론 요즘은 결혼 예물을 주고받지 않는 이들이 늘어나고 있다고 한다. 하지만 결혼 예물을 준비하는 이들에게 시계의 존재감은 여전히 막강하다.

1990년대 중반 무렵 예물 시계의 양대 산맥은 롤렉스와 오메가였다. 두 브랜드의 시계는 성공한 결혼의 상징과도 같았다. 롤렉스의 데이트저스트나 오메가의 컨스텔레이션은 전문직에 종사하는 신랑의 필수품처럼 여겨졌다. 그런데 이후 까르띠에, 불가리, 태그호이어TAG Heuer 등의 시계가 소개되면서 예물 시장에도 변화가 일어났다. 물론 기존의 두 브랜드는 아성을 굳건히 지켰지만 새로운 브랜드의 등장은 소비자의 마음을 뒤흔들었다.

특히 까르띠에 시계는 폭발적인 인기를 얻어 1990년대 말부터는 가장 선호하는 예물 시계 브랜드로 자리매김했다. 산토스, 탱크 프랑세즈, 발롱 블루 등 소개되는 시계마다 불티나게 팔렸다. 선택지가 많지 않았던 기존의 예물 시계에 비해 다양하고 감각적인 디자인과 스타일이 고객에게 매력적으로 보였던 것이다. 비슷한 시기에 소개된 불가리 시계 역시 젊은이들에게 높은 인기를 끌었다.

시장의 변화를 감지한 럭셔리 브랜드들이 너도나도 국내 예물 시계 시장에 진입하면서 2000년대 중반은 가히 시계 브랜드의 춘추전국시대가 됐다. 까르띠에, 바쉐론 콘스탄틴, 피아제, 파네라이PANERAI, 예거 르쿨트르JAEGER·LECOULTRE, IWC 등이 속한 리치몬트 그룹과, 브레게, 오메가, 론진LONGINES, 블랑팡BLANCPAIN 등이 속한 스와치 그룹이 브랜드를 잇달아 선보였다. 거대 시계 그룹과 함께 시계 전문 브랜드도 진출을 시작했다. 초기에는 국내 에이전시에서 위블로HUBLOT, 오데마 피게, 브라이틀링BREITLING 등 시계 전문 브랜드를 소개하는 정도였다. 이후 시간이 흘러 인지도와 충성 고객을 확보한 이후에는 브랜드가 직접 국내에 진출하기도 했다.

그러고 나자 갑자기 많아진 브랜드와 제품에 비해 정보는 부족한 일종의 공백 상태가 벌어졌다. 이 시기에 잡지를 중심으로 각종 미디어에서 시계와 브랜드에 관한 정보를 비중 있게 다루기 시작했다. 시계의 디자인, 쿼츠와 기계식 시계의 차이점, 각 브랜드의 스토리와 포지션 등에 관한 정보가 흘러넘쳤다. 소비자들은 럭셔리 브랜드와 제

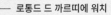
로통드 드 까르띠에 워치

산토스 드 까르띠에 듀얼타임 워치

품들도 급이 나뉠 수 있고, 각 브랜드마다 나름의 강점이 존재한다는 것을 알게 됐다.

시계 시장이 점점 확대되던 2000년대 중반 무렵, 이전까지 시계 비즈니스에는 다소 소극적이었던 패션 브랜드들도 시계를 소개하는 데 힘을 쏟아부었다. 고급 시계에 눈을 뜬 소비자에게 샤넬, 디올, 루이 비통, 에르메스, 구찌 등 패션 브랜드가 선보이는 스타일리시한 시계는 또 다른 신선함을 주었다. 이때 샤넬의 J12, 디올의 윗 그랑 발, 에르메스의 H 아워, 루이 비통의 땅부르 등이 인기를 끌었다.

그렇다면 하이엔드 시계 시장은 그 규모가 얼마나 될까? 한국시계산업협동조합 자료에 따르면, 관세청을 통한 시계의 수입 규모는 2006년 2억 6000만 달러에서 2016년엔 6억 8000만 달러로 증가했다고 한다. 국내 시장의 판매 규모는 2006년 9600억 원에서 2016년 2조 7781억 원대로 성장했다. 한 마디로 폭풍 성장을 이뤄낸 것이다. 이후 시계 시장은 잠시 숨을 고르는 듯했으나, 코로나 팬데믹 기간에 VIP 마케팅을 펼치며 오히려 더욱 가파르게 매출이 상승했다.

더 이상 시각을 알려주는
물건이 아닙니다

대중들이 많이 클릭하는 뉴스 가운데 하나는 셀러브리티가 어떤

옷을 입고, 어떤 가방을 들었으며, 어떤 신발을 신었는지를 알려주는 소식이다. 이제는 셀러브리티가 어느 주얼리를 하고 어떤 시계를 착용했는지까지 소개된다. 이는 시계와 주얼리도 개인의 스타일을 보여주는 주요한 요소가 되었음을 의미한다.

예전에는 일부 부유층이나 시계 마니아를 제외하면 시계를 옷이나 가방처럼 스타일별로 가지는 경우가 많지 않았다. 구분한다고 해도 포멀이나 캐주얼을 분류하는 정도였다. 그러나 하이엔드 시계가 국내에 대거 소개된 이후로 사람들은 그동안 미처 알아차리지 못했던 욕망을 발견했다. 다종다양한 시계는 각각의 매력으로 소비자를 끌어당겼다. 운동할 때, 파티에 참석할 때, 비즈니스 미팅에, 출장 시에 착용해야 할 시계가 달라졌다. 운동 중에서도 조깅할 때, 다이빙할 때, 골프 칠 때 착용하는 시계가 달라졌다. 시계란 시각을 확인하는 기계라는 인식을 넘어 TPO에 맞게 개인의 스타일을 드러내는 액세서리 중 하나로 인정받기 시작한 것이다.

2010년대 중반부터 하이엔드 시계는 럭셔리 브랜드 아이템 중에서도 유독 폭발적인 인기를 끌었다. 그런데 왜 하필 시계였을까?

첫 번째 이유는 소유자의 사회적 위치를 나타내는 데 시계가 적절한 수단으로 활용됐기 때문이다. 시계는 누구나 하나쯤 손목에 차고 다닐 만큼 대중적인 아이템이면서도, 일부 하이엔드 시계는 가격이 수백만 원에서 수천만 원, 심지어 수십억 원에 이를 만큼 가격대가 천차만별이다. 사람은 누구나 어느 정도는 착용한 제품을 통해 자신을 드러내기를 원한다. 그것이 취향일 때도 있고, 경제력일 때도 있다. 이처럼 자신의 취향과 포지션을 하이엔드로 설명하려는 사람들에게 고급 시계는 아주 적절한 아이템이었다.

물론 이는 사회적으로 많은 이들이 시계 브랜드와 제품에 대한 지식을 이미 습득하여 언뜻 보아도 브랜드와 가격대를 짐작할 수 있게 되었음을 전제로 한다. 여기에 큰 역할을 한 것이 소비자 커뮤니티다. 시계는 자동차와 함께 남성들이 매우 큰 관심을 쏟는 아이템이다. 남성 소비자들은 삼삼오오 모여 시계 동호회를 만들고, 꾸준히 정보를 교환하며 친목을 다졌다. 이는 다른 럭셔리 브랜드 품목에서는 발견하기 어려운 현상이었다. 이러한 커뮤니티가 날로 성장하자 시계 브랜드도 이들과 유대를 맺으며 관리하기 시작했다. 해마다 열리는 시계 페어에 대한 사람들의 관심이 올라간 것도 주목할 만하다. 매년 스위스 제네바에서는 세계 최대의 시계 박람회인 '워치스 앤 원더스 Watches & Wonders'가 열리는데, 본래 관련 업계 사람들이 주로 참여하는 행사였지만 어느새 시계에 관심이 있는 일반인들도 참여하기 시작했다. 10여 년 전만 해도 프레스 가운데는 중국인 기자가 가장 많았지만 이제는 한국인 기자가 가장 많아졌을 정도로 국내에서 주목받는 행사가 됐다.

두 번째 이유는 럭셔리 브랜드가 다채로운 제품을 선보임으로써 시계가 가진 고정관념을 깨고 고객이 자신의 취향을 발견하는 계기를 제공했기 때문이다. 언제부터인가 시계는 남성용과 여성용이 아닌 사이즈로만 분류되고 있다. 성별에 따른 구분이 사라지는 패션 트렌드가 시계에도 반영된 것이다. 남성들은 화려하고 눈에 띄는 디자인을 꺼릴 것이라는 선입견도 수정되어야 할 것 같다. 몇 년 전부터 전체가 골드로 만들어진 시계의 매출도 늘어나고 있으며, 다이아몬드 등 보석이 박힌 시계가 여성뿐 아니라 남성들에게도 호응을 얻고 있다. 예물 시계를 신랑과 신부가 동일한 브랜드의 같은 모델로 하는 일도 적어졌다. 여성은 까르띠에 발롱 블루를, 남성은 IWC의 포르투기저를 선택하는 식이다. 선택할 아이템이나 브랜드의 수가 많지 않았다면, 그리고 선택을 고려할 만큼 고객의 취향이 발전하지 않았다면 생기기 어려웠을 현상이다.

시계의 고유 기능이었던 시각 확인은 이제 더 이상 시계를 구매하는 이유가 아니게 됐다. 이제는 시계 자체의 존재감이 하이엔드 시계 구매를 부추긴다.

물론 시각 확인 외에 다른 여러 부가적인 기능을 담은 스마트 워치라는 것도 있다. 고급 시계일수록 정기적으로 관리도 세심하게 해야 하는 등 신경 쓸 일이 적지 않으므로 편의성과 활용성을 생각하면 스마트 워치가 훨씬 적절한 선택일 수도 있다.

이러한 의견을 가진 이들에게 들려주고 싶은 일화가 하나 있다. 스마트 워치가 날로 세력을 확장해 가고 있던 2010년대 중반에 나는 뉴욕에서 당시 티파니 워치 컴퍼니의 부사장이자 제너럴 매니저인 니콜라 안드레아타Nicola Andreatta를 만났다. 공교롭게도 그날 만남에 동행한 모든 기자가 스마트 워치를 착용하고 있었다. 그는 우리 일행의 시계를 힐끗 바라본 후에 이렇게 말했다.

"타임피스는 시간을 초월하는 아름다운 오브제입니다. 스마트 워치는 늘 새로운 버전을 업그레이드해야 하므로 영속성을 갖기 어렵습니다. 시계는 매우 개인적인 아이템이므로 대를 이어 사용할 수 있고, 이러한 점이 스마트 워치와 차별화된다고 생각합니다."

꽤 예전 일이었음에도 '영속성'을 강조했던 그의 말은 하이엔드 시계를 접할 때마다 머릿속에 떠오른다.

하이엔드 시계에
사로잡힌 시간

국내에 본격적으로 하이엔드 시계가 소개되면서 소비자들의 안목은
끝없이 높아지고 선택 범위도 믿을 수 없을 만큼 넓어졌다.
익숙한 브랜드 외에 소수의 시계 마니아만이
알고 있던 독립 브랜드의 진출도 잦아졌다.
하루가 멀다고 신제품이 출시되고 매일 새로운 브랜드에 눈 뜨던 시간이
조금 주춤해지자 각 시계의 진정한 매력을 탐구하는 시기가 도래했다.
열심히 축적한 지식에 스타일까지 갖추게 된 사람들은 하이엔드 시계가
제공하는 즐거움과 매력을 여유롭게 즐길 수 있게 되었다.

하이엔드 시계의
조건

하이엔드 시계를 분류하는 기준은 딱히 없다. 그렇지만 수많은 시계들을 접해 오면서 세운 내 나름의 기준이 있다.

첫째는 기술력이다. 시각 확인을 대체할 물건들이 아무리 많아졌어도 시각을 정확히 알려주지 못하는 시계란 우스운 농담일 뿐이다. 하이엔드 시계는 시각과 날짜, 요일 등을 알려주는 것 외에 여러 가지 기능들이 추가되고는 하는데, 이러한 것을 컴플리케이션 시계라 부른다. 특히 퍼페추얼 캘린더, 투르비용, 미니트 리피터, 문 페이즈, 레트로 그레이드, 소네리 등 더욱 다양한 기능을 가진 경우에는 하이컴플리케이션 시계라 한다. 조그마한 장치 하나로 다양한 기능들을 구현할 수 있게 만드는 것이기 때문에 그 내부가 얼마나 복잡하고 정교할 것인지는 말할 것도 없다.

둘째는 브랜드다. 브랜드는 일종의 뿌리이자 가문이라고 말하고 싶다. 유서가 깊어야 한다기보다는 전통적으로 양품의 시계를 잘 만

오메가 스피드 마스터 문워치 321의 디테일

들어온 브랜드일수록 신뢰가 간다.

셋째는 컬렉션이다. 즉 수집의 대상이 될 수 있느냐는 것이다. 이 기준은 사실 모호하다. 수집의 대상으로서 어느 가격 이상이어야 한다거나 어느 기능을 갖추어야 한다는 판단은 전적으로 개인의 선택이기 때문이다. 다만 사람들 사이에서 '작품'으로 불릴 만한 시계라면 일정 수준 이상의 품질과 디자인 그리고 기능을 갖추었음은 확신할 수 있다.

시계 칼럼니스트들은 여기에 '마감의 아름다움'을 하이엔드 시계의 기준으로 제시하기도 한다. 시계를 케이스, 다이얼, 핸즈, 무브먼트로 나누었을 때 겉으로 드러나지 않는 부분까지 완벽하게 마감된 제품이 하이엔드 시계라고 입을 모은다.

고객을 사로잡은
브랜드와 제품들

하이엔드 시계를 추천해 달라는 부탁을 받으면 고민스럽다. 워낙 매력도 기능도 다종다양하여 모두 거론하는 것이 불가능할 정도다. 하지만 우선 떠오르는 몇 가지 브랜드와 제품이 있다. 이 가운데 국내 하이엔드 시계 시장에서 의미가 있었던 것들을 위주로 추려보았다.

하이엔드 시계의 대표 주자

까르띠에는 국내에 '하이엔드 시계'라는 이미지와 콘셉트를 정착시켰다는 점에서 특별하다. 까르띠에는 산토스, 탱크 프랑세즈, 팬더, 발롱 블루, 베누아 등 제품군을 비롯하여 하이컴플리케이션 시계까지 다양한 디자인과 기능의 시계를 보유하고 있다.

까르띠에는 1990년대 말 진출 당시부터 지금껏 예물 시계 시장에서 대표 주자로 활약하고 있으며, 데일리부터 컬렉션 제품까지 모두 갖추고 있다. 워낙 아이콘 제품이 유명하다 보니 몇 년 전 새롭게 소개된 탱크는 메종 청담과 백화점에서 오픈런으로 판매되었고 여전히 기다리는 사람이 즐비하다. 다양한 가격대와 기능의 제품을 탁월한 품질로 꾸준히 선보이는 브랜드다.

불가리는 까르띠에와 비슷한 시기에 국내에 진출했는데, 먼저 불가리 로고 시계가 유명세를 탔다. 불가리불가리 시계는 로고의 아름다움을 보여준 대표적인 제품이었다. 이후 소개된 세르펜티 시계는 이름 그대로 뱀을 모티프로 했는데, 불가리 특유의 과감하고 글래머러스한 디자인으로 2000년대 중반 무렵 부유층 여성들의 필수 아이템이 될 정도로 인기를 얻었다. 불가리는 시계 계발에 꾸준히 투자하여 2014년에는 무브먼트의 두께가 1.95mm에 불과한, 세계에서 가장 얇은 투르비용 시계인 '옥토 피니씨모 투르비용'을 선보이기도 했다.

패션 브랜드의 강렬하고 독창적인 아이디어

패션 브랜드가 내놓는 시계라면 시계 전문 브랜드의 제품보다 약간은 아쉬운 점이 있을 거라고 추측하기 쉽다. 하지만 그것은 선입견이다. 전문 브랜드 못지않은 기술력을 가지고 쉽사리 상상하지 못했던 새로운 소재나 아이디어로 사람들을 놀라게 만들곤 한다.

디올은 디올 그랑 발, 라 디 드 디올 같은 제품군을 보유하고 있는데, 몇 년 전에 디올 윗 그랑 발 라인에 다이얼 내부를 깃털로 장식한 시계를 선보였다. 처음 보는 순간 '다이얼 안에 깃털을 넣을 생각을 하다니….'라는 탄성이 흘러나왔다. 그 아이디어의 뿌리는 이브닝 드레스였다. 패션 브랜드다운 참신한 시도가 아닐 수 없었다.

루이 비통도 시계 제조에 진심이다. 해마다 기술력과 아이디어로 무장한 시계를 내놓는데, 그중 땅부르가 대표적인 제품군이다. 땅부르 가운데는 땅부르 카르페 디엠이 기억에 남는다. 다이얼에 자리한 해골의 눈을 뱀이 지나가는, 강렬한 디자인을 가진 하이컴플리케이션 시계다. 이 일을 하며 여러 독창적인 다이얼 디자인을 꽤 보았음에도 이 시계의 첫인상은 여전히 잊히지 않는다.

독특함으로 무장하다

에르메스는 특유의 위트를 가진 브랜드다. 우아함을 지키면서도 기존의 관념을 뛰어넘는 아이디어와 유머를 제품에 투영하곤 하는데, 시계에도 예외가 없다.

에르메스의 아쏘 타임 서스펜디드는 2011년 제네바 시계 그랑프리GPHG에서 올해의 베스트 남성 시계상을 수상했다. 이 제품의 특징은 9시 방향에 있는 버튼을 누르면 날짜 표시가 사라지며 시곗바늘은 모두 12시 방향을 가리키며 멈추고, 다시 버튼을 눌러야만 다시 날짜와 시각을 제대로 표시한다는 점이다. 이로써 이 제품은 이름 그대로 '잠시 시간을 멈추고 유예하라'라는 메시지를 전달한다. 왜 시간을 정지시키느냐고? 시간을 멈추고 싶은 순간을 간직하고픈 에르메스의 위트를 이해하지 못한다면 사랑하기 어려운 시계다.

꾸준한 베스트셀러

오데마 피게의 본사는 창립자 쥘 루이 오데마Jules-Louis Audemars와 에드바르 오귀스트 피게Edward-Auguste Piguet의 고향인 스위스 도시 르 브라수스에 있다. 본사에 위치한 뮤제 아틀리에는 오데마 피게의 스타 모델인 로열 오크가 시대별로 전시되어 있다.

로열 오크는 출시한 지 50년이 넘었음에도 인기가 여전하다. 코로나 팬데믹 기간에도 전 세계 매출이 오히려 상승했을 정도다. 코드 11.59 같은 색다른 컬렉션이 스타 모델에 가려 탁월함을 쉽게 드러내지 못하는 것이 브랜드의 숙제이기도 하다.

파텍 필립PATEK PHILIPPE의 노틸러스 역시 초강력 스타 모델이다. 구하기가 하늘의 별 따기라는 말이 있을 정도로 웨이팅 리스트가 길다고 알려져 있다. 심플하지만 견고한 디자인과 기능이 그 인기 요인이다. 파텍 필립은 2024년에 무려 25년 만에 큐비투스라는 새 모델을 론칭했다. 브랜드가 심사숙고하여 내놓은 모델이어서 그 행보가 주목된다.

예거 르쿨트르는 리베르소라는 걸출한 모델로 인기를 끌고 있다. 사각형의 케이스를 회전시킬 수 있는 독특한 디자인을 갖고 있으며, 해마다 내놓는 신제품을 감상하는 재미가 쏠쏠하다.

오메가는 전통 있는 브랜드로 워낙 다양한 베스트셀러가 있어 한 가지를 선택하기가 쉽지 않지만, 굳이 뽑는다면 씨마스터 컬렉션이겠다. 헤리티지 모델부터 아쿠아테라에 이르기까지 명성을 뽐내고 있다.

에르메스 아쏘 타임 서스펜디드

오데마 피게의 로열 오크 더블 밸런스 휠 오픈워크

제임스 본드 탄생 60주년 기념 오메가 씨마스터 다이버 300M 중 한 제품

화려함과 개성을 뽐내다

로저 드뷔ROGER DUBUIS는 호화로움을 자랑하는 시계를 이야기할 때 빼놓을 수 없다. 시계의 화려함도 하이 주얼리에 못지않다. 근육질의 화려함이라고나 할까? 시그니처 모델인 엑스칼리버는 한번 보는 순간 쉽게 잊히지 않는다. 베젤을 촘촘히 둘러싼 다이아몬드와 형형색색의 스트랩이 눈길을 사로잡는다. 워낙 개성 있는 디자인이어서 마니아층만 선호할 것 같지만 생각보다 다양한 고객층을 보유하고 있다.

리차드 밀RICHARD MILLE은 대담한 디자인과 컬러로 주목받는, 캐릭터가 선명한 제품이다. 자신의 개성을 드러내고 싶을 때 최적의 선택이다. 대표 모델인 RM은 종종 셀러브리티의 손목 위에서 발견되곤 한다.

우아함을 드러내고 싶을 때

까르띠에의 베누아는 타원형의 품격 있는 디자인으로 주얼리 시계 시장을 평정한 바 있다. 국내에 수많은 시계가 소개되었지만 주얼리 시계가 주목받기 시작한 것은 비교적 최근의 일이다. 시계 착용도 TPO가 적용되면서 주얼리 시계의 쓰임도 늘어나기 시작했다. 이에 따라 여러 하이 주얼리 브랜드에서 다양한 제품을 내놓았는데, 피아제의 라임라이트 갈라, 불가리의 디바 같은 모델은 브랜드 고유의 여성스럽고 대담한 스타일로 사랑받고 있다.

피아제 라임라이트 갈라 프레셔스 워치

피아제 알티플라노 오리진 워치

일상에 품격을 더하기 위해

패션에 성별의 구분이 사라지는 것이 트렌드이긴 하지만, 시계는 여전히 남성들에게 가장 중요한 액세서리다. 특별한 날에 착용해야 하는 시계는 물론이고 일상에 품위를 더해주는 시계도 필요하다.

피아제의 알티플라노와 폴로는 비즈니스맨의 옷차림에 더없이 어울리는 컬렉션이다. 랑에 운트 죄네A. LANGE & SÖHNE의 삭소니아, 랑에1 등은 단아하다는 표현이 어울리며, 과시하지 않으며 멋을 나타내고 싶은 남성들의 선택을 받아왔다. IWC의 포르투기저도 빼놓을 수 없다. 이 모델은 2000년대 중반 무렵 금융권에서 보너스가 지급되면 바로 팔린다는 소문이 돌 정도로 젊은 비즈니스맨에게 폭발적인 인기를 끌었다.

작품이라 불러도 좋은 제품

파텍 필립, 오데마 피게, 랑에 운트 죄네, 바쉐론 콘스탄틴, 브레게는 흔히 5대 시계 브랜드라고 불린다. 이들의 제품은 기술력, 품질, 브랜드의 명성 등에서 최고의 수준으로 인정받는다.

브레게의 트래디션 컬렉션은 샤프한 디자인의 블루 핸즈가 인상적이다. 게다가 내부가 훤히 드러나 무브먼트를 자세히 들여다볼 수 있는 즐거움을 선사하는, 흡사 비밀을 간직한 젠틀맨 같은 제품이다.

바쉐론 콘스탄틴의 더 버클리 그랜드 컴플리케이션

　오데마 피게의 코드 11.59 울트라 컴플리케이션 유니버셀(RD#4)
은 23종의 컴플리케이션을 포함한 40가지의 기능을 갖추고 있다.

　바쉐론 콘스탄틴의 더 버클리 그랜드 컴플리케이션은 워치 메이
킹 컴플리케이션과 2,877개의 부품으로 구성된 회중시계로, 세계에
서 가장 복잡한 시계로 알려져 있다.

LUXURY & LIFESTYLE

IV

변화하고 확장하는
럭셔리 브랜드

작지만 커다란 호사,
스몰 럭셔리

요즘 꽃병이나 비누 하나를 살 때도 고민부터 하게 된다.
품질이야 비슷비슷할 테니 내 취향에 조금 더 맞는 게 어느 것일지
찾아보고 비교한다. 카테고리를 막론하고 취향에 맞는 제품을
고르는 일이 만만치가 않아졌다.
소비 행위에서 개인의 취향이 언제부터, 왜 중요해졌을까?
이와 관련해 거론되는 이유 중 하나는 사회적 분위기의 변화다.
국난을 극복하고 경제발전이라는 국가적 목표를 향해 달려가던
베이비부머 세대와 달리, 한결 풍요로워진 시대에 태어난 세대는
삶의 질과 라이프스타일의 소중함을 알고서 적극적으로 표현하고
있다는 것이다. 나는 여기에 선택지의 확대를 이유로 추가하고 싶다.
1990년대 중반 무렵부터 다채롭고 이국적인 브랜드와 제품이 쏟아져
들어와 개인의 안목을 높이고 취향을 발휘할 기회가 늘어난 것이다.
이러한 소비 경향은 근래에 조금 더 달라진 모습을 보여주고 있다.
점차 벌어지는 소득의 양극화가 소비 패턴의 양극화로도 이어졌다.
그 결과 럭셔리 브랜드는 브랜드의 정수를 담고 있으며
취향을 나타내기에 적절하지만,
합리적인 가격을 갖춘 제품군을 선보이기 시작했다.
그리고 이 시장의 규모는 날이 갈수록 커지고 있다.

제품과 함께 스며든
라이프스타일

럭셔리 브랜드가 국내에 본격적으로 상륙한 지도 어느덧 30년이 흘렀다. 그동안 럭셔리 브랜드는 세련되고 품질 좋은 여러 가지 제품을 우리에게 보여주었다. 그런데 브랜드가 한 일은 그것만이 아니다. 제품을 사용하기에 적절한 예, 즉 문화를 함께 소개한 것이다.

1990년대만 해도 영화제나 시상식에서 이브닝 드레스나 턱시도를 차려입은 모습은 자주 보기 어려웠다. 나만 해도 2000년대 초 'Black Tie'라고 명시된 행사의 초대장을 받고도 애매한 정장 차림으로 참석하여 '제대로' 차려입은 사람들을 당황하게 만들곤 했다. 그러나 요즘 사람들은 자연스럽게 TPO에 맞도록 옷을 차려입는다. 국내에 진출한 패션 브랜드들이 때와 장소, 상황에 맞게 옷을 입어야 한다는 메시지를 미디어와 광고 등을 통하여 알게 모르게 퍼트려온 결과다. 과거에는 여성들만 바르던 선크림도 요즘은 군인들이 가장 열심히 바른다. 남자가 선크림을 바르면 '남자답지 못하다', '오버한다'라는 인식이 있었던 것을 생각하면 놀라운 변화다. 이 역시 브랜드가 '피부를 보호하려면 일상적으로 선크림을 발라야 한다'라는 인식을 열심히 퍼트려왔기 때문이다.

물론 이러한 인식의 변화가 모두 럭셔리 브랜드의 획책으로만 벌어진 것은 아닐 것이다. 그렇지만 브랜드가 소개한 제품의 적절한 사용 문화가 가랑비에 옷 젖듯이 우리의 라이프스타일을 조금씩 바꾸어왔음을 부정하긴 어렵다.

일상에서 즐기는
소소한 럭셔리

'립스틱 효과Lipstick effect'라는 말이 있다. 한마디로 "불황에는 립스틱이 잘 팔린다."라고 정리할 수 있는데, 경기 침체기에 낮은 비용으로 품위를 유지할 수 있고 심리적 만족을 줄 수 있는 작은 사치품이 잘 팔리는 현상을 의미한다.

그렇지만 꼭 불황이 아니어도 럭셔리 브랜드를 처음 접하는 사람들은 대부분 패션은 핸드백 같은 가죽 액세서리, 주얼리나 시계는 각 브랜드의 아이콘 제품, 화장품은 립스틱으로 시작하곤 한다. 처음부터 큰돈을 들이지 않고서도 질 좋은 제품으로 자신의 취향을 드러낼 수 있는 좋은 방법이기 때문이다.

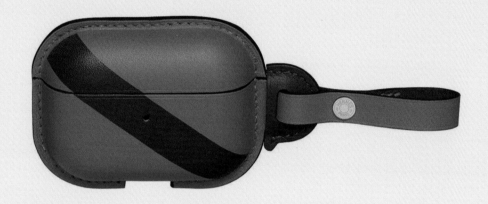

에르메스 에어팟 케이스

작은 것이라도 온전히 내 스타일을 보여줄 수 있고, 품질에 확신을 가질 수 있으며, 일상의 소소한 즐거움까지 누릴 수 있는 럭셔리 아이템은 생각보다 훨씬 많다. 퍼fur로 만든 참charm(펜디), 가죽으로 만든 북마커(에르메스), 헤드폰과 포터블 블루투스 스피커(뱅앤올룹슨), 홀리데이 시즌에만 소개되는 아이섀도와 립스틱(디올), 옷장에 거는 사쉐(딥티크diptyque), 이름을 새길 수 있는 만년필, 휴가지에서 쓸 타월과 슬리퍼, 아이에게 선물할 인형, 크리스마스 트리 장식과 플레이트 등 여러 가지 제품이 있다.

럭셔리 브랜드가 주력 제품 말고도 소소한 제품들을 많이 선보이는 이유는 소비자를 폭넓게 아우르고자 하기 때문이다. 처음에 조심스럽게 다가와 작은 만족감을 누리던 소비자들이 점차 브랜드를 신뢰하고 더 큰 만족을 찾기를 원하는 것이다. 또한 소비자 역시 일상을 감각적인 취향으로 채울 수 있다는 유혹 때문에 작지만 매력적인 럭셔리 제품을 꾸준히 찾는 중이다.

개인의 취향을 드러내주는
감각적인 제품

인간의 감각을 통해 개인의 취향을 가장 잘 인식시킬 수 있는 아이템 중 하나가 '향수'다. 처음 내가 일을 시작할 무렵만 해도 공공장소

LA PANTHÈRE

까르띠에 라 팬더 향수

에서 향수를 뿌리고 다니면 좋은 소리를 듣기 어려웠다. 나 자신도 내가 좋아하는 향기가 사무실이나 공용 공간에서 남들에게 드러나는 것이 불편하게 느껴졌다.

그런데 웬걸, 이러한 상황이 어느 틈에 달라졌다. 소수를 위한 틈새 아이템이었던 향수는 이제 백화점의 인기 아이템이 됐다. 메이저 패션과 화장품 브랜드가 아닌 향수 전문 브랜드도 인지도가 높아졌다. 글로벌 시장조사기관인 유로모니터가 2025년 국내 향수 시장 규모를 약 1조 원으로 추산할 만큼 현재 향수의 인기는 뜨겁다.

이제 사람들은 향수를 상황과 시간대에 따라 달리 사용할 정도로 사용에 익숙해졌다. 게다가 한 가지 향수만 뿌리지 않고 여러 가지를 페어링하는 방법도 알게 됐다. 한 번에 두 가지 이상의 향수를 순차적으로 사용하여 색다른 향을 연출하는 것이다. 2010년대에 엄청난 인기를 구가한 조 말론Jo Malone이 향수 페어링을 전도한 대표 주자다. '향수를 뿌리다'를 영어로는 'wear'라고 하는데, 향수를 뿌리는 것을 마치 옷을 입는 것처럼 자신만의 스타일을 만들어가는 행위로 여기는 문화적 맥락이 담겨 있다. 이러한 문화가 럭셔리 브랜드와 제품을 통해 우리에게 전파된 것이다.

요즘 필통을 가지고 다니는 사람을 보기가 어렵다. 애초에 필기구를 쓸 일이 없으니 필통이 필요 없게 됐다. 요즘 대학 강의실에 가보면 학생들은 대부분 노트북에 타자를 치거나 태블릿에 전자펜을 끼적인다. 디지털 시대가 바꾼 흔한 풍경이다. 그런데도 여전히 과거의 필기구를 찾는 사람들이 있다. 바로 쓰는 행위 자체를 자신의 취향으로 발견한 사람들이다. 이들이 자주 찾는 제품은 만년필이다. 예전에 만년필은 회사의 중역이나 작가들의 전유물로 여겨졌다. 하지만 이제 만년필은 아날로그 감성으로 직접 손글씨를 쓰는 행위, 그리고 쓸 때의 필기감에서 만족을 얻는 이들이 훨씬 많이 찾는다. 만년필을 전문으로 취급하는 어느 숍에서는 색을 섞어 나만의 잉크를 만들 수 있게 해 주고, 펜촉의 굵기도 얼마든지 선택할 수 있게 해 준다. 자주 사용하지 않으니 한 가지를 사야 한다면 자신의 스타일에 딱 맞는 것을 선택하고 싶은 소비자의 심리를 읽어낸 것이다.

선물용 또는 수집용으로 만년필을 구매하고 싶은 사람들이 고려할 만한 브랜드라면 우선 몽블랑을 떠올릴 수 있겠다. 몽블랑은 고급 만년필의 대명사로서 1990년대 중반부터 일찌감치 국내에 들어왔다. 일반적인 제품 라인과 별도로 1년에 한 번씩 예술 발전에 큰 역할을 한 거장의 이름을 딴 '마스터 오브 아트Master of Art' 에디션을 선보여 수집가들의 열렬한 지지를 받고 있다. 2024년의 주인공은 구스타프 클림트Gustav Klimt였다. 클림트의 작품 중 '키스'와 '팔라스 아테나'에서 영감을 받은 제품, 펜촉nib에 아테나 여신의 동반자인 부엉이를 새긴 제품 등이 있다.

몽블랑 외에 마찬가지로 독일 브랜드인 라미LAMY도 2010년대 중반에 소개되어 놀라운 성장세를 이어가고 있다.

몽블랑의 2024 마스터 오브 아트 에디션인 구스타프 클림트 에디션

엔트리 제품은
명품이 아니다?

에르메스는 1978년부터 시계를 만들었다. 꽤 오래전부터 제작해
왔음에도 에르메스 시계를 본 몇몇 기자들은 마치 뉴스를 접한 것처
럼 '에르메스가 시계를 출시한 이유를 알려달라'는 질문을 하곤 했다.
아마 정상급 브랜드로서 다수의 주력 아이템을 보유한 에르메스가 굳
이 시계를 출시한 이유가 무엇인지 궁금했던 모양이다.

생전에 에르메스 회장 장 루이 뒤마는 "에르메스가 다루는 것은
시간 자체가 아니라 시간이 흘러가는 방식과 그 안에서 누릴 수 있는
즐거움"이라고 표현했다. 아울러 "에르메스 시계를 통해 좀 더 쉽게
에르메스를 즐길 수 있다."라고 덧붙였다. 뒤마 회장의 이 대답에서,
뜻밖에 나는 각 브랜드가 엔트리 레벨을 선보이는 의미를 곱씹게 되
었다.

사람들은 엔트리 레벨이라 하면 '주력 아이템보다 가격이 저렴한
제품'이라 여기곤 한다. 좀 더 나아가서는 브랜드 입문용 아이템이라
고 정의한다. 틀린 말은 아니다. 까르띠에의 트리니티 링, 불가리의 비
제로원, 부쉐론의 콰트로 링, 프레드의 포스텐 브레이슬릿은 각 브랜
드의 하이 주얼리보다 가격 면에서 훨씬 쉽게 접근할 수 있다. 그러나
간과하지 말아야 할 사실은, 가격이 낮다고 해서 제품을 만들 때 사용
되는 기술 역시 낮은 것은 아니라는 점이다. 제품의 종류는 다를지라

도 브랜드가 보유한 제품 생산의 철학이나 과정, 노하우는 동일하다.

브랜드가 다양한 가격과 종류의 제품을 선보이는 이유는 그것이 자본시장이라는 구조를 통해 브랜드의 향기를 더욱 널리 전파하는 수단이 될 수 있기 때문이다. 영민한 소비자들은 진정한 럭셔리 브랜드라면 제품의 가격과 상관없이 브랜드의 DNA가 내재해 있다는 사실을 잘 알고 있다.

서로의 영감이 되는
예술과 브랜드의 유대

언제부터인가 럭셔리 브랜드를 말할 때
예술을 빼고 논하기가 어려워졌다. 둘의 관계는 독창적인 제품 생산을
위한 협업인 때도 있었고, 서로가 서로의 영감이 되기도 했다.
브랜드와 예술의 밀월이 길어질수록 이 끈끈한 관계가
본격적으로 시작된 때는 언제인지, 그리고 둘의 관계가 일으키는
시너지가 무엇인지, 마지막으로 브랜드가 예술에 끊임없이 구애하는
목적이 무엇인지 궁금해졌다.
럭셔리 브랜드와 예술의 창의적인 공생을 말할 때
언급해야 할 브랜드는 한둘이 아니다.
그러나 아무래도 럭셔리 브랜드 가운데 최초로 아티스트와
협업을 시도한 루이 비통을 빼놓고 말할 수는 없다.
그러니 여기서는 특히 루이 비통의 사례와 활동을 통해
예술과 브랜드의 유대를 이야기해 보려고 한다.

전대미문이었던
루이 비통의 도전

1996년 루이 비통은 모노그램 탄생 100주년을 맞이해 헬무트 랭HELMUT LANG, 비비안 웨스트우드Vivienne Westwood, 마놀로 블라닉 MANOLO BLAHNIK 등 타 브랜드의 디자이너 6명에게 모노그램을 활용한 작품을 의뢰하여 이를 전시하는 행사를 개최했다. 때마침 나는 이 행사에 참여하여 디자이너들이 재치 있게 해석한 작품들을 직접 볼 수 있었다. 마놀로 블라닉의 슈shoe 트렁크도 흥미로웠지만 아무래도 가장 눈길을 끌었던 것은 '엉덩이 가방'이라고도 불린, 비비안 웨스트우드가 만든 버슬 백이었다.

지금으로부터 무려 30년 가까운 세월 전에 있었던 이 행사가 기념비적인 이유는, 브랜드가 자신의 아이콘을 외부인의 자유로운 해석에 맡긴 시초가 되는 사건이었기 때문이다. 이후 루이 비통은 본격적으로 아티스트와의 협업을 진행하기 시작했다. 창의적인 협업의 사례로 기억되는 시도는 스티븐 스프라우스Stephen Sprouse와의 작업이다. 2001년

그래피티 아티스트인 스프라우스와의 협업으로 제작된 '모노그램 그래피티'는 이전까지 감히 상상하지 못했던 럭셔리와 스트릿 감성의 만남으로 주목받았다. 스프라우스의 감성으로 모노그램 캔버스 위에 갈겨쓴(이 표현이 가장 적당하다) 그래피티 로고는 팝 컬처가 럭셔리와도 조화를 이룰 수 있다는 것을 증명했다. 이 제품은 여전히 컬렉터 사이에서 높은 가격으로 거래되고 있다.

모노그램 그래피티의 대대적인 성공은 루이 비통과 또 다른 아티스트와의 새로운 시도라는 가능성을 한껏 키웠다. 2003년이 되자 루이 비통은 무라카미 다카시Murakami Takashi와 협업한 결과를 공개했다. 처음에 나를 포함해 몇몇 사람들은 고개를 갸웃했다. 브라운 톤의 모노그램 트렁크 위에서 해맑게 웃고 있는 형형색색의 꽃과 판다 인형 무늬는 클래식한 모노그램과 상반되는 발랄한 분위기로 충격을 선사했다. '이러한 도전이 과연 브랜드와 아티스트 모두에게 윈윈이었을까?'라는 의문도 들었다. 그러나 이러한 우려를 비웃듯 무라카미 다카시와의 협업도 대성공을 거뒀다. 2025년에는 루이 비통과 무라카미 다카시의 협업 20주년을 기념하는 리에디션 제품도 소개됐다.

2012년에 루이 비통은 쿠사마 야요이Kusama Yayoi라는 걸출한 아티스트와 함께 도트 문양이 들어간 의류와 신발, 그리고 액세서리를 선보였다. 이 협업은 예술의 대중화 가능성을 보여준 대표적 사례로 손꼽아도 손색이 없다. 루이 비통과 쿠사마 야요이와의 인연은 계속 이어져 2023년에도 새로운 컬렉션을 선보였다. 이때는 파리와 뉴욕 등의

──────── 루이 비통과 무라카미 다카시의 콜라보 제품

—————— 루이 비통과 쿠사마 야요이의 콜라보 제품
ⓒLouis Vuitton Malletier

루이 비통 매장에 그녀의 조형 작품이 설치되어 지나가는 이들의 발길을 붙잡았다.

루이 비통은 어떤 기준으로 협업할 아티스트를 선택하는 것일까? 지금은 고인이 된 이브 카르셀Yves Carcelle 루이 비통 전前 회장은 이렇게 답했다.

"협업의 대상인 아티스트를 선정할 때는 문화적인 맥락을 고려합니다. 무라카미 다카시와의 협업은 당시 아티스틱 디렉터인 마크 제이콥스Marc Jacobs가 2001년 뉴욕 9·11 대참사 이후 밝은 기운을 전달하고자 아이디어를 냈습니다. 협업에도 타이밍이 필요한 것이죠. 다음으로는 규모의 생산이 가능한 아티스트여야 합니다. 루이 비통은 커다란 브랜드이기에 전 세계적인 공급이 가능해야 하죠. 또 하나는 문화적으로 어느 나라에서도 의미를 갖는 아티스트여야 한다는 것입니다."

이브 카르셀의 대답을 바꿔 말하면, 세계적으로 이름난 아티스트와 협업을 진행하려는 브랜드는 전 세계에 진출한 정상급 기업이어서 제품이 생산되면 전 세계에 공급과 홍보가 가능해야 할 것이고, 새로운 시도가 의미 있게 받아들여질 만큼 신뢰가 누적된 브랜드여야 한다는 뜻이 된다. 럭셔리 브랜드의 대명사 같은 루이 비통에게도 아티스트와의 협업은 결코 쉽지 않은, 심지어 여태 누구도 해보지 않은 새로운 도전이었다. 실제로 루이 비통의 협업이 언제나 성공해 왔던 것은 아니다. 미국의 팝 아티스트 제프리 린 쿤스Jeffrey Lynn Koons와 협업하여 선보인 '마스터스 컬렉션'은 "박물관의 기념품 숍에서 파는 제품 같다."라는 혹평을 듣기도 했다.

전에 없던 것을 선도하는 기업은 첫 길을 내느라 더 많은 시간과 노력을 투자해야 하지만, 그 길이 모든 사람이 선망하는 목표가 되는 순간 선구자로서 혜택을 아낌없이 누리게 된다. 브랜드가 협업을 진행하거나 지목하는 아티스트에게 세간의 이목이 집중되는 것, 브랜드가 먼저 시도한 방식을 곧 다른 브랜드들이 따라 하게 되는 것 모두 선구자로서 루이 비통이 현재 누리고 있는 영향력이다.

예술처럼,
예술과 함께

브랜드는 사람들에게 자신의 존재를 알리는 수단으로 곧잘 '전시'를 활용한다. 브랜드의 역사를 총망라하는 아카이브 전시나, 특정 주제를 선정하여 테마화하는 전시, 또는 전시 형태를 차용한 신제품 소개 등으로 형식이 다양하다.

브랜드의 어제와 오늘을 보여주는 전시 중 손꼽히는 것으로 앞서 언급한, 2017년 DDP에서 열린 루이 비통의 '비행하라, 항해하라, 여행하라' 전이 있다. 트렁크를 중심으로 하여 '여행'과 떼려야 뗄 수 없는 루이 비통의 정체성을 역사적인 배경, 역사 속 인물들과의 에피소드 등과 함께 보여주었는데, 루이 비통의 역사를 알고 싶던 사람이라면 결코 놓칠 수 없는 전시였다. 루이 비통은 2013년엔 루이 비통에 영감을 준 여성을 조명한 '타임리스 뮤즈Timeless Muses'전을 도쿄에서 열었다. 유지니 황후Princess Victoria Eugenie of Battenberg, 카트린 드뇌브, 소피아 코폴라Sofia Coppola와 케이트 모스Kate Moss, 샬로트 페리앙Charlotte Perriand 등이 주인공이었다. 두 전시의 주제는 달랐지만, 공통적으로 '브랜드의 정체성과 철학'을 표현했다.

사실 전시는 막대한 자금과 노력이 투여되는 반면 직접적으로 매출을 견인하는 수단이 아니다. 단기적인 성과만 따지면 '돈 먹는 하마'처럼 보인다. 그렇지만 사람들에게 브랜드의 존재를 알리고 브랜드가 추구하는 가치를 스며들게 하는 수단으로서는 꽤 적절하다. 예술작품을 감상하는 경우처럼, 감상하는 사람의 온전한 의지로 브랜드를 이해하게 만들기 때문이다.

아티스트와의 협업하는 루이 비통의 방식은 제품 라인업만큼이나 다채롭다. 루이 비통은 한 사람의 아티스트와 하나의 컬렉션을 만드는 방식 외에 하나의 아이템을 여러 아티스트의 해석으로 선보이는 시도도 꾸준히 진행했다. 2023년에는 '아티카퓌신 5'라는 한정판 에디션을 빌리 장게와Billie Zangewa, 에바 유스키에비츠Ewa Juszkiewicz, 라이자 루Liza Lou 등 현대미술가 다섯 사람과 함께 해석한 작품을 선보였다. 그 전 해인 2022년에는 박서보, 우고 론디노네Ugo Rondinone, 다니엘 뷔랑Daniel Buren 등과 협업하여 브랜드의 대표 모델인 '카퓌신 백'을 선보인 바 있다. 특히 한국 단색화의 거장인 박서보 화백의 묘법 연작 중 2016년 작품을 기반으로 협업한 제품은 그의 작품과 함께 루이 비통 메종 서울 6층에 위치한 갤러리 에스파스에서 전시되기도 했다.

1998년부터 루이 비통이 발간하기 시작한 『시티 가이드』시리즈에서도 아티스트와의 활발한 작업을 엿볼 수 있다. '여행'이라는 브랜드의 뿌리에 기반하여 각 도시의 관광지뿐 아니라 숨겨진 명소를 소개하는 책으로, 초창기 시티 가이드에는 화가이자 패션 일러스트레이터인 루벤 톨레도의 감각적인 삽화가 여행 정보와 함께 실렸다. 이후에 루벤 톨레도의 그림은 '시티 가이드 포스트카드 100선'이라는 이름의 엽서 세트로 재발매되기도 했다. 루이 비통 시티 가이드는 2013년부터는 한 도시당 1권으로 소개되는 방식으로 출간되고 있다.

『트래블 북』도 루이 비통의 고객이라면 놓치기 어려운 책이다. 다양한 아티스트들이 루이 비통이 지정한 도시를 여행하고 현지에서 받은 영감을 그림으로 표현한 것을 책으로 엮었다. 2019년에는 프랑스 아티스트 듀오 '이시노리'가 참여한 서울 편이 출간되었다. 이시노리가 그린 책가도冊架圖, 수문장 교대식, 청계천 등은 외국인이 바라본 서울의 모습을 색다르게 투영한다.

예술에 구애하는
브랜드의 목적

　루이 비통이 예술과 힘써 구축해 온 서사는 앞서 언급한 것 말고도 많다. 주요 도시에 자리한 매종의 한 층을 에스파스라는 이름의 갤러리로 사용하여 주목받는 예술 전시를 개최하고, 파리 근교의 볼로뉴 숲에 루이 비통 재단 미술관을 건립하여 LVMH 아르노Bernard Jean Étienne Arnault 회장의 컬렉션과 저명한 아티스트의 작품을 전시하기도 했다.

　루이 비통이 이토록 예술에 진심인 이유는 무엇일까? 예전에 누군가 내게 "예술이란 무엇인가?"라는 질문을 던졌을 때, 나는 "상상하기 어려운 도전을 통해 감상하는 사람이 영감을 얻게 만드는 것"이라고 답했다. 그동안 많은 미술작품을 접하며 어떤 고양감과 감성이 차오르는 일련의 과정을 반복하면서 내린 나름의 정의였다. 럭셔리 브랜드가 예술과 밀착하는 이유도 비슷하리라고 본다. 단지 제품에 머물지 않고 사람들에게 영감을 주는 작품이 되고 싶은 것이다. 브랜드가 판매와 직결되지 않는 전시라는 형식을 통해 자사의 제품을 사람들에게 소개하는 것도 제품을 작품처럼 보이게 만들고 싶은 의도와 연관돼 있다. 브랜드의 이러한 모든 행위는 결국 '브랜드 가치의 상승'이라는 목표로 귀결된다.

　그렇지만 예술에 구애하고 예술과 동격의 자리에 올라서고자 하는 브랜드의 시도를 꼭 비판적으로만 볼 필요는 없다. 이들의 새로운 도전에서 우리가 얻는 신선한 기쁨과 혜택이 생각보다 크기 때문이다. 청담동에 위치한 루이 비통 메종 서울은 1989년 프리츠커상을 수상한 건축가 프랭크 게리Frank Gehry의 손길로 다시 태어났다. 새로운 건물은 동래 학춤에서 영감을 받아 디자인됐다. 매장을 지나치거나 들어설 때나 우리는 거장의 독특한 작품을 감상할 수 있다. 앞서거나 뒤서거나 하는 예술과 브랜드의 관계는, 예상치 못한 일상의 순간에 예술을 맞닥뜨리는 기회를 제공한다. 브랜드가 우리에게 선사하는 정교하고 품격 있는 서비스 중 하나인 셈이다.

공간화된 브랜드,
플래그십 스토어

에디터 시절 해외 출장의 주요 목적 중 하나는
각국의 중요한 스팟에 생기는 숍을 취재하는 것이었다.
2000년대에는 홍콩이나 싱가포르, 일본의 주요 지역이나
백화점의 숍을 자주 갔었고, 2000년대 중반 이후로는
중국의 상하이나 북경에 오픈하는 숍을 취재할 기회가 많았다.
이는 당시의 럭셔리 브랜드가 세력을 확장해 가는 순서와 일치했다.
대개의 매장은 장소를 불문하고 본사의 인테리어 가이드를
확실하게 준수하고 있었다.
싱가포르 이안 시티 안의 매장과 홍콩 거리의 숍은
그 크기가 서로 다를 순 있어도 내부의 분위기는 거의 다르지 않았다.
이는 '전 세계 어디에서나 동일한 환경에서 동일한 제품과 서비스를
제공받을 수 있다'는 브랜드의 메시지를 확실하게 보여주었다.
가끔 각 도시나 지역의 특색을 반영한 제품을 개장 기념으로
독점 판매하는 이벤트 같은 것이 있었지만, 주목할 정도는 아니었다.
그랬던 숍 취재가 특별한 경험이라고 생각하게 된 계기는
브랜드의 '플래그십 스토어'를 취재하면서부터였다.

브랜드의
정체성을 담다

디올의 파리 애비뉴 몽테뉴 부티크, 루이 비통의 파리 샹젤리제 매장, 티파니의 뉴욕 5번가 매장 등은 숍이라는 이름을 달고 있음에도 물건을 팔기 위한 장소라는 느낌은 잘 들지 않는다. 왜냐하면 그 장소의 주인공은 제품이 아니라 브랜드이기 때문이다.

플래그십 스토어의 사전적 의미는 '어느 기업에서 만든 여러 가지 상품을 한곳에 모아서 홍보하고 판매하는 곳'이다. 이 해석만 보자면 플래그십 스토어란 마치 종합선물세트처럼 그 기업의 웬만한 제품은 모두 만나볼 수 있는 장소처럼 보인다. 그러나 나는 플래그십 스토어의 의미를 '기업이나 브랜드의 유산과 철학을 병풍처럼 펼쳐놓은 곳'이라고 정의하고 싶다.

럭셔리 브랜드는 전 세계 어느 곳에서나 동일한 품질의 제품을 제공한다. 그러니 구매가 목적이라면 백화점이나 몰, 그리고 온라인에서도 얼마든지 가능하다. 럭셔리 브랜드가 굳이 플래그십 스토어를 오픈하는 목적은 고객이 플래그십 스토어에 들어서는 순간 그 브랜드의 철학과 분위기를 느끼고 교감하기를 바라는 데 있다. 그래서 플래그십 스토어는 내부에 현재는 판매하지 않는 초창기 제품을 전시하거나 그간의 헤리티지를 보여주는 공간을 따로 두는 등 브랜드를 다면적으로 보여주곤 한다.

한국에서 오픈한
플래그십 스토어

플래그십 스토어는 브랜드 자체를 상징하는 공간이기 때문에 전 세계에서도 엄선된 곳에서만 오픈한다. 그간 국내 명품 시장에서는 세련되고 편안한 쇼핑 환경을 제공하는 백화점이 절대적인 파워를 가져왔다. 그러나 한국 명품 시장의 규모가 가파르게 성장하여 럭셔리 브랜드들에게 중요한 곳이 되면서 여러 브랜드가 한국의 서울에 플래그십 스토어를 열기 시작했다. 2000년대 초 일찌감치 문을 연 청담동 루이 비통 플래그십 스토어를 필두로 이어진 오픈 행렬은 서울이 각 럭셔리 브랜드에게 중요한 도시이자 고객이라는 증거였다. 해외로 나가지 않고도 전 세계 여러 브랜드의 플래그십 스토어를 경험할 수 있게 된 것은 에디터로서 행운이었다.

2006년 '메종 에르메스 도산 파크'의 오픈은 국내 플래그십 스토

메종 에르메스 도산 파크

어의 변곡점이라 칭할 만한 이벤트였다. 전 세계에서 네 번째로 오픈한 에르메스 메종으로, 정육면체의 은은한 금빛 건물은 이름 그대로 '에르메스의 집'을 방문하는 기분을 선사했다. 메종 에르메스 도산 파크는 한국의 가옥에서 영감을 받아 건물의 정중앙에 중정을 두어 하늘을 건물 안으로 끌어들였는데, 브랜드 고유의 아이덴티티에 지역성을 적절히 가미했다는 점에서 특히 주목할 만한 일이었다. 또 메종 중앙의 나선형 계단을 따라 올라가다 보면 3층에서 양혜규 작가의 작품 'Sol Le Witt Upside Down'을 만나볼 수 있었다.

건물 내부에는 에르메스의 의류부터 가죽 액세서리와 홈 컬렉션에 이르는 다양한 제품을 전시했고, 지하에는 아뜰리에 에르메스를 두어 동시대의 국내외 아티스트를 지속적으로 소개했다. 뿐만 아니라 내부에 마련된 카페 마당에서는 에르메스 홈 컬렉션에 담겨 나오는 음료와 음식을 즐길 수 있었다. 에르메스의 플래그십 스토어는 단지 제품을 소개하는 곳이 아니라 브랜드의 스타일과 가치를 표현하는 곳으로 꾸며져 있었다.

까르띠에는 하이 주얼러로서 국내에 플래그십 스토어를 연 첫 번째 브랜드다. 2008년에 '까르띠에 메종 청담'을 오픈했는데, 몇 년 전에 대대적인 리노베이션을 단행하여 이전보다 한층 더 한국과 서울의 분위기를 담아냈다. 문을 열고 들어가면 정면에 까르띠에의 상징인 팬더가 경복궁 향원정 연못을 바라보는 부조가 눈에 띈다. 은은한 부조는 떨어지는 매화 꽃잎과 더불어 이곳이 서울임을 드러내 보여준다. 각 층마다 한국 아티스트와 공예작가의 조각과 화병 등의 작품이 프랑스 스타일 벽지와 어울려 색다른 매력을 뿜낸다. 각 브랜드의 플래그십 스토어에서 만나는 이불, 강익중, 이우환 등 국내 정상급 아티스트의 작품도 흥미롭지만 브랜드가 새롭게 발굴한 국내 아티스트의 작품을 접하는 경험도 플래그십 스토어에서 누릴 수 있는 혜택이다.

구찌는 2021년 이태원에 플래그십 스토어로 '구찌 가옥'을 열었다. 구찌 가옥은 플래그십 스토어에 고유의 지역성이 강화되고 있음을 알려준 대표적인 사례다. 흔히 사용하는 '메종', '템플' 등의 용어 대신 '가옥'이라는 한국적 이름을 사용한 것만 보아도 한국과 서울의 문화를 배려한 브랜드의 세심함을 느낄 수 있다. 여타 플래그십 스토어처럼 구찌 가옥에도 식음료를 즐길 수 있는 공간인 '구찌 오스테리아 서울'이 자리해 있다. 피렌체의 구찌 박물관에 위치한 레스토랑의 네 번째 지점으로, 스타 셰프인 마시모 보투라Massimo Bottura가 정기적으로 방문하여 맛을 내는 것으로도 유명하다.

청담동 거리 초입에는 1994년 프리츠커 상을 수상한 건축가 크리스티앙 드 포르장파르크Christian de Portzamparc가 설계한 하우스 오브 디올이 자리하고 있다. 드레스 자락 같기도 하고 꽃봉오리 같기도 한 이 건물은 디올의 주요 요소인 오트 쿠튀르와 장미를 절로 떠올리게 한다.

2015년 서울을 방문한 프랑스 전前 대통령 올랑드François Gérard Georges Nicolas Hollande는 성남 공항에 내리자마자 하우스 오브 디올로 향했다. 그를 맞이하기 위해 자정이 가까운 시간에 국내 럭셔리 업계 톱 매니

이태원의 구찌 가옥

지먼트와 디올의 VIP 그리고 톱 파티시에인 피에르 에르메Pierre Hermé 까지 파리에서 날아왔다. 대화와 교류가 빛처럼 번지는 그때의 기억을 통해 나는 그저 판매를 위한 공간이 아닌 플래그십 스토어의 의미를 곱씹었다.

플래그십 스토어의
트렌드

몇 년 전까지 플래그십 스토어와 가장 빈번하게 연관되는 단어는 '문화예술'이었다. 2006년 루이 비통 샹젤리제 메종에 갤러리인 '에스파스 루이 비통'이 들어선 것처럼 다수의 플래그십 스토어에는 갤러리와 박물관이 필수 공간처럼 포함되었고, 각 지역의 아티스트와 협업한 작품으로 공간을 구성하는 경우가 많았다. 요즘 여기에 추가된 트렌드가 있으니 바로 '환대와 휴식'이다. 고객에게 누가 더 최고의 편안함을 제공할 수 있느냐가 새로운 쟁점이 된 것이다.

톱 주얼러의 숍이 즐비한 파리의 방돔 광장에서 부쉐론은 자신이 가장 오래된 브랜드임을 자랑한다. 부쉐론은 2019년 방돔 부티크의 리노베이션을 마치고 재개장했다. 내부에 들어가면 마치 프랑스 어느 귀족의 대저택을 방문한 듯 고풍스러운 스타일의 계단을 따라 부쉐론 창립자들의 초상화가 걸려 있다. 이 건물 3층에는 서재와 침실 및 욕

————— 파리 방돔 광장의 부쉐론 플래그십 스토어 외부

부쉐론 플래그십 스토어 내부

실과 거실로 구성된, 파리 리츠 호텔에서 운영하는 아파트가 자리해 있다. 방돔 부티크를 방문한 고객 누구라도 편히 쉬어 갈 수 있는 장소다. 금싸라기 같은 파리 한복판 매장에 레지던스를 만든다는 것은 어떤 의미일까? 부쉐론의 CEO 엘렌 풀리 뒤켄Hélène Poulit-Duquesne은 인터뷰에서 "이곳은 주얼리를 파는 곳이 아니라 주얼리를 창조하고 누리는 곳"이라고 표현했다.

뉴욕 5번가 '티파니 더 랜드마크'의 2023년 재개장은 세기의 리노베이션이라 불렸다. 무려 4년간의 개보수를 마치고 모습을 드러낸 더 랜드마크의 10층은 특별한 다이아몬드를 위한 전시실과 라운지, 그리고 다이닝 룸과 서재 및 레지던스 등이 자리했다. 고객이라면 언제든 편하게 주얼리를 감상하고 쉴 수 있는 장소라는 메시지를 담아낸 것이다. 더 랜드마크에서 만난 CEO 앙토니 르드뤼Anthony Ledru는 "티파니 더 랜드마크는 단순한 플래그십 스토어 그 이상이라는 뜻"이라고 강조했다. 뉴욕을 방문한다면 반드시 둘러보아야 할 장소이자, 전 세계인에게 티파나라는 브랜드의 정체성과 서비스 태도를 보여주는 상징적인 장소라는 뜻이 담긴 것으로 이해할 수 있었다.

쇼핑의 경험이라는 측면에서 규모와 다양성 그리고 편의성을 두루 갖춘 백화점은 플래그십 스토어에 대해 비교우위를 가진 것처럼 보인다. 백화점을 이용하면 따라오는 부가적인 혜택도 무시할 수 없다. 또 플래그십 스토어의 프리스탠딩 숍 형태와 부담스러운(?) 존재

감으로 인해 들어설 마음을 먹기가 쉽지 않다는 고객도 적지 않다.

　그러나 플래그십 스토어는 단지 제품을 파는 매장이 아니다. 일반
적인 매장에서는 만나기 어려운 제품과 독창적인 고객 서비스를 제공
하고, 매장을 넘어 전시장과 문화 공간, 레스토랑 혹은 호텔의 역할까
지 하고 있다. 우리는 단지 물건을 구매하기 위해서가 아니라 브랜드
가 제안하는 라이프스타일을 체험하고 즐기기 위해 플래그십 스토어
에 가는 것이다. 앞으로 플래그십 스토어가 또 어떤 새로운 모습을 보
여줄 것인지 기대된다.

티파니 더 랜드마크

내 '최애'가 브랜드
앰배서더로 뽑혔다고?

BTS 지민, 뉴진스 민지, 블랙핑크 지수와 제니, 스트레이 키즈의 현진.
최고의 인기를 구가하는 이 K-pop 아이돌의 공통점은 바로
럭셔리 브랜드의 앰배서더라는 것이다.
할리우드 배우와 팝스타가 독식했던 브랜드 앰배서더의 얼굴이
몇 년 사이 한국 셀러브리티로 많이 바뀌었다.
브랜드 앰배서더는 '브랜드를 대표하는 사람'으로
브랜드 이미지와 잘 어울리며 영향력이 큰 사람이 선정된다.
K-컬처가 전 세계적인 인기를 구가하면서 벌어진 현상이니
뿌듯한 일이 아닐 수 없다.
유서 깊은 럭셔리 브랜드는 초창기엔 왕실과 귀족이
앰배서더의 역할을 했고, 이후엔 할리우드 배우처럼
대중문화 스타로 이어지며 K-pop 스타에 이르렀다.
그런데 이러한 셀러브리티 지형의 변화는
묘하게도 세계 문화의 중심축이 이동하는 경로와 아주 유사하다.

왕실과 귀족의
전유물

역사가 오랜 럭셔리 브랜드의 설립과 발전 스토리를 좇다 보면 초기에 왕실과 귀족의 비호아래 혹은 밀접한 관계 속에 성장한 시기가 있음을 발견하게 된다. 특히 주얼리 브랜드는 영국, 프랑스, 러시아, 인도 등의 왕실이나 귀족과 긴밀히 교류하며 상류층의 전유물로 인식되었고, 당시의 '고급스러운 이미지'를 현재까지 유지하는 경우가 적지 않다. 나폴레옹 황제의 황후인 조세핀이 사랑하던 쇼메는 대표 링의 이름이 '조세핀'일 정도로 여전히 프랑스 왕실의 흔적을 간직하고 있다. 까르띠에는 영국의 에드워드 7세가 하사한 '왕의 보석상, 보석상의 왕'이라는 별명에 힘입어 지금도 최고 주얼러로서 명성을 유지하고 있다. 또 영국 왕실은 왕실에서 쓰는 주얼리, 의류, 차와 디저트 등의 상품이나 서비스를 제공하는 기업 또는 브랜드에 '로열 워런티 Royal Warranty'를 부여하는데, 품질을 보증하는 최고의 권위로 지금까지도 브랜드의 매출에 지대한 영향을 준다.

과거에는 왕실과 귀족의 생활이 최대한 감춰졌기에 그들의 취향을 대중이 알고 따라 하기가 쉽지 않았다. 유행과 트렌드는 '그들만의 리그'를 통해 돌고 돌았다. 그런데 그 안에서도 '셀럽 중의 셀럽', 즉 왕족과 귀족 사이의 셀러브리티가 존재하여 동경의 대상이 됐다. 앞서 언급한 조세핀 황후, 영국 에드워드 8세의 아내 월리스 심프슨Bessie Wallis Warfield, 다이애나 왕세자비 같은 이가 대표적인 경우다. 이들이 애용했던 브랜드와 제품은 상류층의 은밀하고 특별한 스토리가 한 스푼 얹혀 가치가 상승하곤 했다.

할리우드 배우에서
K-pop 스타까지

20세기로 접어들면서 브랜드를 대표하는 셀러브리티는 전 세계적인 인기를 구가하는 할리우드 스타, 팝스타, 슈퍼모델, 작가나 화가 등의 아티스트로 확대됐다. 불가리 하면 떠오르는 엘리자베스 테일러와 소피아 로렌, 지방시 드레스를 입고 뉴욕 5번가 티파니 매장 앞에 서 있던 오드리 헵번, 공식 앰배서더는 아니었으나 켈리 백의 이름을 만드는 데 일등 공신이었던 모나코의 공비 그레이스 켈리 등이 브랜드를 대표하는 스타로 활동했다.

21세기가 다가오면서는 샤를리즈 테론Charlize Theron(디올 향수), 샤넬

N°5 최초의 남성 앰배서더인 브래드 피트(샤넬), 모니카 벨루치Monica Anna Maria Bellucci(돌체앤가바나), 줄리아 로버츠(랑콤) 등이 브랜드를 상징하는 할리우드 스타로서 광고 캠페인의 모델로 활동했다.

2000년대 중반 무렵, 외국에서 개최되는 브랜드 행사에 중국이나 홍콩의 스타가 초청받기 시작했다. 행사장이나 만찬장에서 공리巩俐, 장쯔이章子怡, 양자경楊紫瓊과 판빙빙范冰冰 등을 자주 보았다. 이 시기는 중국의 럭셔리 시장이 급성장하던 시기로, 브랜드의 시선이 어디로 쏠리고 있는지 확인할 수 있는 힌트가 됐다.

그렇다면 한국은 어땠을까? 내 기억에 럭셔리 브랜드를 대표하는 국내 첫 셀러브리티는 2005년 디올 화장품 화이트닝 캠페인의 아시아 모델로 선정된 최지우다. 그녀는 드라마 〈겨울 연가〉의 성공으로 '지우히메'로 불리며 메가톤급 인기를 누리고 있었다. 2000년대 중반부터 우리나라는 각 럭셔리 브랜드에게 '취향이 고급스럽고 세련된 테스트마켓'으로서의 입지를 다지는 중이었다. 특히 화장품을 중심으로 '한국에서 성공하면 아시아에서 성공하고 전 세계적으로도 경쟁력을 갖는다'는 암묵적인 법칙이 퍼지고 있었다. 비슷한 시기에 이효리는 비오템BIOTHERM의 아시아 모델로 선정됐다. 그리고 그녀의 이름을 딴 '효리 핑크 립스틱'이 아시아권에 판매될 정도로 상당한 파급력을 행사했다. 이들의 활동은 무척 반가웠지만, 그 무대가 주로 아시아에 한정되었다는 아쉬움이 있었다.

그리고 2016년, 마침내 GD가 아시아 남성 최초로 샤넬의 글로벌

불가리 하이 주얼리 행사에 참석한 셀러브리티

좌측부터 서기舒淇, 유역비刘亦菲, 앤 해서웨이, 불가리 CEO 장-크리스토프 바뱅Jean-Christophe Babin, 프리양카 초프라Priyanka Chopra Jonas

앰배서더가 되면서 브랜드가 선택하는 셀러브리티로 우리나라 스타가 전 세계에 소개되기 시작했다. 한국 럭셔리 시장의 입지에 K-pop을 위시한 문화적 콘텐츠가 더해져 시너지를 일으킨 결과였다. 그리고 요 몇 년 전부터는 한국의 배우와 팝 아티스트들이 브랜드의 광고 캠페인에 빈번히 등장하고 앰배서더에 속속 이름을 올리기 시작했다. 우리나라 스타들이 브랜드 앰배서더를 맡는 경우가 흔해지다 보니 파리나 밀라노 컬렉션을 취재하러 가면 온통 한국 K-pop스타뿐이라 "국내 가요 축제에 온 줄 알았다."라는 농담이 오간다고 할 정도다.

2022년 런던의 사치 갤러리에서 티파니의 아카이브 전시 '비전 앤드 버투오시티Vision & Virtuosity'가 열린 날, 전시 오프닝의 마지막 셀러브리티는 블랙핑크의 로제였다. 최고의 스타로서 티파니 CEO 및 임원의 에스코트를 받아 당당히 입장하여 포토월에 선 그녀를 보는 심정은 '뿌듯했다.'라고밖에 말할 수 없다.

누가 브랜드 앰배서더가
될 수 있을까?

럭셔리 브랜드의 앰배서더 선정은 시장 중요도와 관련이 깊다. 럭셔리 시장에서 해당 국가의 입지가 탄탄해질수록 브랜드가 선택하는 셀러브리티의 숫자도 늘어난다. 그렇다면 그 주요 활동 무대가 시장으로서 중요하고, 대중적 인지도가 있는 스타라면 누구나 브랜드의 앰배서더로 선정될 수 있는 것일까? 당연히 그렇지 않다.

 럭셔리 브랜드의 미학과 정체성에 대한 대중의 이해도가 높아지면서 브랜드를 대표하는 얼굴을 선택하는 일이 점점 어려워지고 있다. 실제로 여러 브랜드가 "적합한 셀러브리티를 찾기 어렵다."라고 어려움을 토로한다. 브랜드 앰배서더나 셀러브리티의 역할은 단지 그 사람의 인지도에 따른 매출 상승에 국한되지 않는다. 브랜드의 이미지와 역할을 전달하기에 딱 적합한 이미지와 분위기를 가지고 실제 활동으로 그 모습을 보여주는 사람이어야 할 필요가 있다. 이는 셀러브리티의 인기와 비례하지 않는다. 또 대상의 연령대나 캐릭터가 타깃으로 삼는 제품의 고객층과 맞지 않을 가능성도 있다. 소비자의 입장에서 셀러브리티의 분위기가 브랜드와 잘 맞아떨어져야 애정도 생기고 제품을 소비하고 싶은 마음도 커지기 마련이다. 아무리 유명해도 어딘가 브랜드와 따로 노는 듯한 셀러브리티의 생명력은 짧을 수밖에 없다.

 그렇다 보니 수많은 브랜드 앰배서더와 셀러브리티의 향연 속에서도 꿋꿋이 셀러브리티를 선택하지 않는 브랜드도 있다. 에르메스와 반클리프 아펠이 대표적이다. 두 브랜드 모두 탁월한 품질과 이미지를 보유하고 있는데, 이는 순전히 제품과 브랜드로만 얻은 것이다. 예전에 인터뷰에서 만난 반클리프 아펠의 CEO였던 니콜라 보스_{Nicolas} _{Bos}는 "탁월한 제품이 바로 앰배서더입니다."라고 말했다. 제품에 대한 자신감이 없으면 나오기 어려운 발언이다. 수많은 프레스가 던지는 "왜 브랜드 앰배서더나 셀러브리티를 뽑지 않느냐?"라는 끈질긴 질문에도 두 브랜드는 제 갈 길을 가고 있으며, 범람하는 셀러브리티 속에서 '앰배서더가 없어 더 특별한 브랜드'라는 후광효과마저 얻고 있다.

새로운 셀러브리티,
인플루언서의 등장

적합한 앰배서더를 탐색하는 브랜드의 시선이 넓어지면서 최근에는 '인플루언서'가 새로운 셀러브리티로 떠올랐다. 미디어 환경의 중심축이 SNS나 유튜브 등으로 이동하는 경향이 반영된 것이다.

처음에 이들이 브랜드와 함께 활동할 때는 캐릭터와 역할이 완전히 구축되지 않아서 서로 결이 맞지 않는 모습을 보여주기도 했다. 10여 년 전쯤 시슬리sisley 화장품의 창립자인 위베르 도르나노Hubert d'Ornano 백작의 자서전을 소개하는 행사가 어느 호텔에서 열린 적이 있다. 시간대별로 예닐곱 명의 사람이 모인 장소에서 창립자의 아들이자 현 사장인 필립 도르나노Philippe d'Ornano가 책과 가문에 관해 설명하는 친밀한 성격의 행사였다. 마침 나는 인플루언서와 같은 그룹으로 묶였는데, 행사가 시작되자 인플루언서는 필립 사장의 이야기를 듣는 대신 행사장의 이곳저곳을 사진으로 찍느라 여념이 없었다. 인플루언서의 활동 매체에서 현장 사진이 중요한 것은 십분 이해하나, 그것이 당시 행사의 취지와 맥락에 맞는 행동이었는지 의문이 들었다.

인플루언서가 되기 위한 자격은 따로 정해져 있지 않다. 군이 꼽아 보자면 많은 이들의 호응과 공감을 얻는 사람이어야 한다는 것일 테다. 진입장벽이 높아 보이지 않으니 너도나도 인플루언서가 되고자 뛰어드는 모습을 자주 보게 된다. 그러나 이 세계 역시 만만치 않다. 인플루언서는 말 그대로 '영향을 주는 사람'이다. 인플루언서는 공인에 준하는 인지도와 영향력을 가지는 만큼 그에 걸맞은 책임감으로 '선한 영향력'을 행사할 필요가 있다. 또 인플루언서를 통해 브랜드와 제품이 소개되는 것은 레거시 미디어를 통하는 것과 그 방식이 전혀 다르다. 집중적인 양방향 소통이 실시간으로 이루어지기 때문에 인플루언서의 즉각적인 말과 행동에는 더욱 큰 자각과 책임감이 필요하다.

인플루언서가 이름을 얻기 시작한 지도 어느새 10여 년이 흘렀다. 그동안 인플루언서는 셀러브리티의 한 축을 담당할 정도로 팽창했다. 파리, 뉴욕, 런던, 밀라노의 세계 4대 패션 컬렉션과 주요 행사에 초대받는 것은 물론이고 광고 캠페인에도 등장한다. 이제 브랜드와 함께하는 수많은 인플루언서들이 확립된 정체성과 성숙한 모습을 보여주고 있다. 뷰티 크리에이터 이사배가 아모레퍼시픽과 협업하여 브랜드를 만든 것은 전문적이고 영향력 있는 인플루언서의 모습을 보여준 대표적인 사례다.

미래의
셀러브리티는

브랜드 앰배서더나 셀러브리티는 앞으로도 이미지와 매출을 위한 촉매제로서 커다란 비중을 차지할 것이다. 그들은 대중에게 브랜드가 지향하는 이미지를 현실에서 보여주고 친근감을 부여하는 중요한 역할을 맡고 있다. 그러나 브랜드의 지향점과 어긋나는 말과 행동으로 '부정적인 영향력'을 파급하는 셀러브리티는 순식간에 사라질 것이다. 디지털 시대가 보유한 발빠른 검증과 자정 능력 때문이다.

20여 년 전 내가 밀레니엄 시대를 조금이라도 예측해 보고자 읽었던 책들에서는 '21세기에 아시아가 세계의 중심이 될 것이다'라는 문구가 빈번히 등장했다. 세계적인 석학들이 유럽과 미국의 시대를 지나 아시아의 부상을 예상했다. 지나고 보니 그들의 말처럼 아시아는 현재 경제적으로나 문화적으로 세계에서 중추적인 역할을 하고 있다. 셀러브리티의 지형 변화가 시장과 문화의 흐름과 동행했다는 사실을 다시 떠올려보면, 앞으로 K-셀러브리티의 후계자는 태국이나 베트남의 셀러브리티가 될 수 있을 것이라고 본다. 아시아권 내에서 우리가 세계 문화의 중심이라는 영향력과 주도권을 더욱 길게 유지하려면 어떻게 해야 할지, 고민해 보아야 할 주제가 아닐 수 없다.

최고의 스타일은
라이프스타일

누군가의 취향을 파악할 때, 패션 스타일과 메이크업을 따져보는
대신 그 사람의 집을 한번 방문해 보는 것이 뜻밖에
아주 효과적인 수단이 될 수 있다.
라이프스타일은 누구나 가지는 것이면서도
그 변장 혹은 치장에 한계를 가지기 때문이다.
또한 자기 주위 환경을 장식하는 것이
진정한 럭셔리 라이프를 즐기는 방법이라는 인식도 늘어나며
라이프스타일을 바라보는 시선이 달라지고 있다.
이에 따라 럭셔리 브랜드의 시야와 활동도
더욱 깊어지고 넓어지는 중이다.
주요 제품은 있을 수 있으나, 예전처럼 특정 분야의 아이템만
선보이는 브랜드는 줄어들면서 점차 하나의 브랜드를
하나의 카테고리로 정의하기가 어려워지고 있다.

일찍부터 라이프스타일에
관심을 가진 브랜드

　주력 아이템 외에 라이프스타일 품목을 소개해 온 럭셔리 브랜드
는 사실 이전부터 제법 있었다. 국내에 '아르마니ARMANI 스타일'이 히
트를 치던 1990년대 말과 2000년대 초, 소비자들은 간간히 '아르마니
까사[casa: 집]'도 접할 수 있었다. 물론 당시에는 아르마니 패션에 곁들
여지는 간단한 리빙 액세서리 정도로 치부됐다. 2000년에 론칭한 아
르마니 까사는 이후 청담동에 단독 숍을 여는 등 국내에서 패션과 라
이프스타일을 아우르는 브랜드의 선구자로서 활약했다. 조르지오 아
르마니Giorgio Armani의 패션 스타일처럼 절제된 디자인과 뉴트럴 톤 컬
러의 가구와 소품으로 이목을 끌었다. 아르마니는 2010년에 두바이,
2011년에는 밀라노에 5성급 호텔을 오픈하여 아르마니 라이프스타
일을 체험할 수 있는 장을 열기도 했다.

　티파니도 설립 초기부터 라이프스타일 아이템을 꾸준히 선보여왔
다. 티파니는 주얼리뿐 아니라 격조 있는 리빙 아이템을 '블루 북'이라

이름 붙인 카탈로그를 통해 판매해 온 역사를 보유하고 있다. (티파니는 제품을 특유의 블루 박스로 포장하는 것으로도 유명하다.) 그동안 테이블웨어를 비롯하여 그릇 세트 등 고급스러운 제품을 보여주었다. 뉴욕 5번가에 위치한 티파니 더 랜드마크 플래그십 스토어를 방문하면 티파니의 방대한 리빙 컬렉션을 만날 수 있다.

에르메스 역시 테이블웨어와 블랭킷, 아기 용품, 자전거와 벽지에 이르기까지 다양한 라이프스타일 아이템을 갖춘 것으로 유명하다. 서울에 위치한 메종 에르메스 도산 파크 지하의 카페에서는 모든 음료와 음식이 에르메스 테이블웨어에 제공되어 상차림을 보는 재미가 쏠쏠하다. 이렇듯 여러 브랜드가 자신이 추구하는 라이프스타일을 고객이 체험할 수 있도록 예전부터 리빙 제품을 선보이며 체험할 수 있게 해왔다.

패션 브랜드와
라이프스타일의 만남

라이프스타일의 경험은 앞서 말한 '환대와 휴식'이라는 트렌드 흐름과 무관하지 않다. 그런데 이러한 현상은 '갑툭튀'했다거나 단순히 매출 증대를 위한 일시적인 전략이라고 치부하기에는 무리가 있다. 그보다는 스타일에 관한 브랜드의 철학과 사고가 영글어지면서 비롯된 것이라 보아야 옳다. 라이프스타일은 한 사람의 취향을 종합적으로 보여주는 요소이므로, 브랜드가 자신의 이미지와 콘셉트를 보여주기 위해 선택해야 할 궁극적인 수단은 특정 제품이 아니라 라이프스타일이어야 한다는 인식에 다다른 것이다.

2000년대 중반에 들어서자 패션 브랜드가 라이프스타일에 본격적으로 관심을 갖는 일이 부쩍 잦아졌다. 패션 브랜드와 라이프스타일의 만남을 한층 부각시켜 준 곳은 아트 페어였다. 펜디는 다른 브랜드 보다 앞서 2008년부터 마이애미에서 열리는 디자인 페어인 '디자인 마이애미'에 참여하기 시작했다. 펜디는 일찍이 1990년대부터 '펜디 까사'를 통해 가구와 인테리어 소품 등을 선보여왔는데, 디자인 페어를 통해 디모레 스튜디오, 비슬리 스튜디오 등 걸출한 아티스트 그룹과 협업하여 기존 제품과 구별되는 독창적인 가구와 공간 등을 내놓았다.

라이프스타일에 대한 패션 브랜드의 열정은 디자인 마이애미로 그치지 않았다. 루이 비통, 구찌, 돌체앤가바나, 디올, 보테가 베네타 BOTTEGA VENETA, 로로 피아나 등이 세계적인 가구 박람회인 '밀라노 가구 박람회'에 참석한 것이다. 밀라노 가구 박람회는 벌써 60년이 넘는 역사를 가진, 세계에서 가장 큰 가구 박람회다. 페어가 열리는 4월초에는 밀라노 도시 전체가 전 세계로부터 온 방문객과 관계자로 떠들썩해진다. 그런데 언제부턴가 이 페어의 주요 스팟에서 럭셔리 패션 브랜드의 전시관을 자주 목격할 수 있게 됐다. '과연 패션 브랜드들의

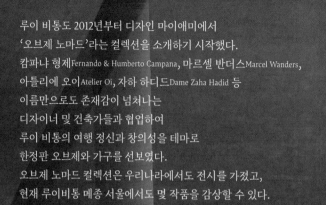

루이 비통도 2012년부터 디자인 마이애미에서
'오브제 노마드'라는 컬렉션을 소개하기 시작했다.
캄파냐 형제Fernando & Humberto Campana, 마르셀 반더스Marcel Wanders,
아틀리에 오이Atelier Oi, 자하 하디드Dame Zaha Hadid 등
이름만으로도 존재감이 넘쳐나는
디자이너 및 건축가들과 협업하여
루이 비통의 여행 정신과 창의성을 테마로
한정판 오브제와 가구를 선보였다.
오브제 노마드 컬렉션은 우리나라에서도 전시를 가졌고,
현재 루이비통 메종 서울에서도 몇 작품을 감상할 수 있다.

캄파냐 형제의 코쿤
©Louis Vuitton Malletier

마르셀 반더스의 룬 체어
©Louis Vuitton Malletier

행보가 밀라노 가구 박람회의 콘셉트와 잘 융합될 수 있을까'라는 의문은, 혁신적인 아티스트와 협력하여 내놓은 가구 및 디자인 제품이 '신선하고 흥미로운 조합'이라는 평을 얻으며 잦아드는 중이다.

먹고 마시고
느껴봐야 알 수 있는 멋

사람의 관심사는 흔히 '의-식-주'의 순서로 설명된다. 차림새를 다듬었다 싶으면 먹는 것에 집중하고, 얼추 만족했다 느껴지면 나를 둘러싼 환경에 집중하는 것이다. 이는 공교롭게도 럭셔리 브랜드가 새로운 시장에 진입할 때의 순서와도 비슷하다. 패션과 화장품 브랜드가 터를 닦아놓으면 식문화에 관한 요소가 추가되고, 이어서 가구, 자동차, 오디오, 식기 등 일상의 취향을 끌어올리는 품목이 줄줄이 들어온다. 앞서 패션의 연장선에서 브랜드가 제안하는 아이템들을 살펴보았다면, 이제부터 살필 것은 식문화와 관련하여 브랜드가 제안하는 라이프스타일이다.

2010년대 중반부터 백화점의 라이프스타일 섹션과 푸드 코너가 그 전보다 넓어지고 갖가지 상품들로 채워지기 시작한 것을 느꼈다면 라이프스타일에 관심이 많은 사람인 것이 분명하다. 그전까지만 해도 백화점의 수준을 보여주는 지표는 최고급 럭셔리 브랜드의 입점 여부였다. 그런데 어느새 독특한 레스토랑이나 식음료 브랜드의 입점도 백화점의 인기를 가늠하는 무시 못 할 잣대가 됐다. 라이프스타일에 대한 사람들의 관심이 높아지고 백화점의 기능이 단지 물건의 구매가 아니라 다양한 경험을 충족시키는 곳으로 변화하면서 생긴 현상이다.

일전에 리모델링을 마친 파리의 사마리텐 백화점에는 층마다 카페나 샴페인 바가 들어섰고, 국내 백화점 역시 각 층마다 브랜드가 운영하는 카페나 휴게 공간이 들어섰다. 요즘은 옷을 판매하는 숍 가운데 차를 마시거나 문구류를 구매할 수도 있는 곳이 늘어나고 있다. 이러한 변화는 소비자들의 다층적인 욕구를 반영한 결과다.

디올이 청담동에 플래그십 스토어인 하우스 오브 디올을 열었을 때, 디올의 제품만큼이나 주목받은 공간은 맨 위층의 '카페 디올 by 피에르 에르메'였다. 루프탑과 연결된 이 공간은 파리를 무대로 활동하는 유명 파티시에인 피에르 에르메의 디저트와 함께 커피 등의 음료도 즐길 수 있는 곳이다.

몇 년 후 구찌는 이태원에 플래그십 스토어인 구찌 가옥을 개장하며 맨 위층에 레스토랑인 '구찌 오스테리아 서울'을 열었다. 미슐랭 스타 셰프인 마시모 보투라가 정기적으로 방문하여 음식의 퀄리티를 유지한다. 이뿐인가? 루이 비통 메종 서울 역시 2022년부터 유명 셰프와 팝업 레스토랑을 열어 인기를 끌고 있다. 프로그램 〈톱 셰프〉에서 최종 후보에 올랐던 피에르 상Pierre Sang Boyer부터 미슐랭 3스타 레스토랑인 라르페주를 운영하는 알랭 파사르Alain Passard, 조희숙, 강민구 등

구찌 가옥의 구찌 오스테리아

면면이 모두 훌륭하다. 팝업 레스토랑인 만큼 한시적으로 오픈하기에 예약 창이 열리는 순간 금세 마감이 될 정도로 반응이 뜨겁다. 또 일찍이 아르마니는 1998년에 파리에서 레스토랑 1호점을 오픈했고, 불가리는 2004년에 밀라노에서 호텔을 오픈했으며 발리, 런던, 상하이와 파리에서도 호텔을 운영 중이다. 제품에서 음식까지 연결되는 경험의 공유를 통해 브랜드의 이미지와 정체성을 표현하는 폭넓은 전략은 생각보다 오랜 역사를 가지고 있다.

브랜드의 정수가 담긴
라이프스타일

몇 년 전 에스티 로더의 신제품 행사 취재 차 뉴욕 주 롱아일랜드의 햄프턴을 찾았다. 햄프턴은 뉴욕 부호들의 별장이 자리한 곳으로 유명한 휴가지다. 나지막하고 평화로운 모습을 한 건축물들 사이로 창립자 에스티 로더 여사의 손녀이자, 에어린 뷰티AERIN Beauty의 창업자이며, 크리에이티브 디렉터인 에어린 로더Aerin Lauder의 저택이 자리하고 있었다. 푸른 수목이 우거진 정원을 지나 그녀의 거실에 자리 잡은 뒤, 나는 그 어떤 홍보 자료보다 확실히 에스티 로더가 제안하는 라이프스타일을 눈치챌 수 있었다. 휴양지 특유의 밝고 은은한 느낌의 소파와 테이블, 각종 예술작품이 걸린 벽, 화려하기보다 담백한 인테리어와 자연의 조화는 에스티 로더가 지향하는 '자연스러우며 우아한 럭셔리'를 정확히 보여주었다.

이후 시슬리 화장품을 창업한 위베르와 이사벨 도르나노Hubert & Isabelle d'Ornano 부부의 아파트를 방문했을 때도 비슷한 경험을 했다. 두 사람의 아파트는 파리의 센 강 앞에 자리해 있었는데, 마치 박물관을 연상시키듯 웅장하고 품격 있는 인테리어가 눈길을 끌었다. 또 하나 나의 시선을 사로잡은 것은 벽과 테이블 위를 가득 채운 가족사진이 었다. 이렇게 많은 사진을 걸 수 있나 싶을 정도로 액자가 벽을 뒤덮고 있었다. 위엄 있고 아름답지만 호화롭지는 않은 공간이 가족의 추억 으로 꽉 채워져 있었다. 도르나노 백작 부부와 차를 마시는 동안에도 이야기의 주제는 주로 사람이었다. 시슬리의 브랜드 철학 그대로, 트 렌드를 좇기보다는 기본에 충실하며 사람을 우선시한다는 느낌을 충 분히 받은 오후였다. 이러한 경험들은 나에게 '라이프스타일에 젖어 드는 것이야말로 그 브랜드를 느끼는 최고의 방법'이라는 사실을 알 게 해주었다.

날마다 멋을 더해가는
내 삶의 공간

집에 대한 사람들의 관심이 나날이 높아지고 있다.
시세와 위치, 매매 형태에 관한 이야기가 아니다.
그런 것들도 물론 중요하겠지만, 지금 하고자 하는 이야기는
집의 구조와 그 내부를 구성하는 요소들에 관한
사람들의 호기심과 기대가 점점 더 커져가는 현상에 관한 것이다.
혼자 사는 인구의 증가나 라이프스타일 정보의 점진적인 증가도
이러한 변화에 한몫했겠다.
코로나 팬데믹의 영향도 무시할 수 없다.
외출이 강제로 제한되면서 내가 가장 오래 머무르는 내 삶의 공간에
그 어느 때보다 많은 관심과 애정이 쏟아졌다.
이러한 관심과 몰입은 그간 다른 품목에 비해 덜 주목받던
가구와 조명 등 리빙 아이템들의 약진으로 이어졌다.
나만의 라이프스타일을 완성하려는 사람들의 욕구는 여전히 뜨겁다.

주거공간에 대한
사람들의 달라진 인식

바람과 깃발에 관한 선불교의 선문답이 하나 있다. 바람에 나부끼는 깃발을 보고 한 제자가 "바람이 흔들린다."라고 하자 다른 제자가 "깃발이 흔들린다."라고 하며 논쟁이 벌어졌다. 제자의 다툼을 본 혜능조사는 "흔들리는 것은 바람도 깃발도 아니고 너희들의 마음이다." 라며 논쟁을 정리해 주었다. 요리에 관심이 높아져서 주방의 역할이 달라진 것인지, 주방의 트렌드가 바뀌어 요리에 대한 관심이 높아진 것인지에 관한 요즘의 논의는 바로 이 선문답을 떠올리게 한다. 달라진 것은 요리와 주방에 관한 사람들의 인식 자체인 것이다.

과거에 주방의 주인은 여성 또는 엄마였다. 그러나 이제 세대와 성을 불문하고 누구나 자연스럽게 주방에서 요리를 한다. 심리적 장벽이 사라지며 주방 공간은 단지 음식을 만들고 치우는 곳이 아니라 거실의 연장선에서 만남과 대화의 장이 됐다. 요리를 대하는 태도도 많이 달라졌다. 요리가 취미라고 말하는 사람들이 예전보다 많이 생겨났다. 밥을 해먹는 것이 단지 허기를 채우기 위해서가 아니게 된 것이다. 심지어 TPO에 맞춰 적절한 요리를 마련하고, 요리에 개인의 스타일을 담는 노력도 마다하지 않게 됐다. 이에 따라 요리를 하는 주방은 자신만의 취향을 나타내는 곳으로 변모했다.

이러한 변화는 럭셔리 브랜드가 소개하는 가구 아이템 수요의 변화로도 이어졌다. 초기 소비자들이 거실과 침실 가구를 주로 찾았다면 몇 년 전부터는 주방 가구에 대한 수요가 늘었다. 아파트가 주된 주거 형태인 우리나라에서는 자신만의 독특한 주방을 갖기 어려운데, 이 부분을 고급스럽고 특색 있는 주방가구가 채워준 것이다. 기능적이면서도 개성 있는 주방에 대한 열정은 아예 건축 단계에서 주방 구조와 디자인을 바꾸는 데도 영향을 주었다. 지금은 고급 빌라나 아파트가 아니어도 대면형 주방을 심심치 않게 볼 수 있다.

주방의 싱크와 수납장 등 기본적인 인테리어 외에 자재와 디자인 등 디테일한 부분에도 취향을 따지는 소비자가 늘어났다. 이탈리아를 대표하는 하이엔드 토털 리빙그룹인 보피Boffi는 동명의 주방가구 브랜드를 비롯해 가구 브랜드인 데파도바DePadova, 모듈식 선반가구 MA/U Studio와 도어 시스템 브랜드 ADL을 갖추고 있다. 보피 스튜디오 서울의 송태검 대표는 주방 가구를 대하는 소비자들의 변화에 관해 다음과 같이 말했다.

"하이엔드를 추구하는 레지던스에서는 기본적으로 럭셔리한

———— 품격과 개성을 보여주는 보피의 K14 시스템

디자인과 기능을 갖춘 주방이 설치되고 있습니다. 품격 있는 주방에 대한 고객들의 관심은 날로 높아져서, 예전에는 기능이나 사용상의 장단점 등을 궁금해했지만 현재는 브랜드의 역사, 철학, 재질과 소재에 대해서도 질문합니다. 소재와 재질에서 차별화를 두기 위해 선뜻 선택하기 어려운 스테인리스 재질로 주방 가구 전체를 구성하거나, 개인의 스타일에 맞게 주방 전체를 맞춤 제작하기도 합니다."

주방만큼이나 개인의 취향을 드러내고자 하는 공간은 욕실이다. 수전이나 욕조, 타일 등을 외국에서 직수입하여 설치하는 사례는 차고 넘친다. 남과 비슷한 것을 하느니 시간이 걸리더라도 나만의 색깔을 입히겠다는 의지의 표명이다. 주방이나 욕실 모두 외부인에게 잘 공개되지 않는 개인적인 공간인데 왜 이렇게 공을 들이는 것일까? 답은 간단하다. 이 공간들이 외부에 보이는 공간만큼, 어쩌면 그보다 더 나만의 스타일을 담아내는 장소로서 중요해진 것이다. 이러한 경향에 관해 송태겸 대표는 이렇게 설명했다.

"앞으로는 욕실에 이어 드레스룸도 주목받는 공간이 될 것입니다. 어느 공간보다 자신이 소중하게 여기는 것이 많고 스스로를 표현하는 데 오랜 시간을 할애하는 곳이기 때문입니다. 유럽의 하이엔드 층에서는 이미 드레스룸과 욕실을 하나의 공간으로 연출하는 경우가 많고, 서울에서도 하이엔드 레지던스에서 이러한 점을 차별화 포인트로 둘 것입니다."

소비자의 인식 변화는 쇼룸의 공식도 바꾸었다. 2020년에 'LG 시그니처 키친 스위트 쇼룸'이 청담동에 문을 열었다. 이전에 오픈한 논현 쇼룸이 주방 공간에 중점을 둔 곳이라면, 청담 쇼룸은 프리미엄 빌트인 가전 쇼룸으로서 주방과 거실은 물론이고 카페와 리빙관 그리고 아틀리에까지 포함한 복합문화공간에 가깝다. 각 공간에 대한 솔루션을 제안하며 콘셉트에 맞추어 LG 제품 외에 유럽의 가구와 가전을 같이 진열했다는 점에서 제품 진열만을 위해 존재했던 기존의 쇼룸과는 구별됐다. 2022년에 문을 연 '보피 스튜디오 서울' 역시 주방 가구를 보기 좋게 진열하는 곳이 아니라 다양한 스타일로 연출한 각 공간을 통해 고객이 아이디어를 얻고 체험하는 데 중점을 두었다.

수입브랜드 가구와 조명 등을 판매하는 두오모앤코Duomo&Co.의 논현동 신사옥에 가면 가구와 조명, 주방과 욕실 가구 액세서리, 바닥재와 타일 등 인테리어의 모든 것을 둘러볼 수 있다. 6층에서 8층에 자리한 9개의 유닛 하우스는 두오모앤코가 취급하는 모든 제품을 큐레이션하여 연출했다. 침실과 욕실, 주방과 서재 등 각 공간을 두오모앤코에서 소개하는 자재로 마감하고 가구와 조명이 실제 어울렸을 때의 분위기를 보여주는 컨설팅 공간이다. 이곳에는 두오모앤코 최항순 회장이 직접 고른 우리나라 작가들의 접시와 공예품이 비치되어 있다.

인테리어의 완성은
조명

사람들이 라이프스타일에 주목하며 커틀러리와 테이블웨어부터 와인 액세서리와 침구에 이르기까지 다양한 품목이 관심을 받고 있다. 이 중 특히 눈여겨볼 품목은 '조명'이다. 과거에 조명은 상대적으로 소수의 취향으로 생각되었지만, 사실 조명은 '인테리어의 완성'이라고도 불린다. 점점 더 많은 사람들이 이 사실을 깨닫고서 취향에 맞는 제품을 찾고, 조명 브랜드에 대해서도 알아가고 있다.

바카라Baccarat는 1764년부터 지금까지 크리스털 제품을 만들어온 명가다. 2015년 무렵 서울에 직접 진출을 앞둔 바카라의 공장에 가볼 수 있는 기회가 생겼다. 파리에서 기차로 두 시간여를 달려 도착한 곳은 프랑스 동부의 마을 바카라 시. 5,000여 명의 인구 중 500여 명이 브랜드 바라카의 공장에서 일한다고 했다. 내가 묵은 곳은 예전 공장장이 거처하던 맨션으로 하늘색과 레몬색 같은 파스텔 컬러가 칠해진 방들에 바카라 샹들리에와 소품들이 반짝거리고 있었다. 일행을 위해 바카라 테이블웨어에 차려내 온 음식은 그릇의 아름다움만큼 맛도 배가되는 듯했다.

저녁을 마친 일행은 공장 투어를 시작했다. 크리스털 공장은 용광로를 24시간 운영하기에 근무가 교대로 이어졌다. 투어 중 만난 장인은 모양을 갖춘 제품을 세공하고 완성하는 과정이 매우 까다롭다며,

"좋은 잔을 만들려면 최소한 10년 정도의 세월이 필요합니다."라고 말했다. 바카라 특유의 골드 컬러를 입히는 과정은 가느다란 붓을 이용하여 진행하는데, 이 기술은 공방에서 대대로 전수한다고 한다. 수공예 제품의 성패는 장인의 실력과 수에 달려 있는데, 2015년 당시 바카라에는 프랑스 최우수 장인을 선발하는 MOF에서 우승한 18명의 장인이 몸담고 있다고 해서 깜짝 놀랐다.

샹들리에, 잔과 화병, 오브제 등의 미려한 크리스털 제품을 대표하는 바카라는 선뜻 다가가기 어려울 정도로 압도적인 분위기를 지니고 있어 돈 많은 일부 계층의 전유물로 인식되어 온 것이 사실이다. 그러나 바카라는 누구나 일상에서 사용할 수 있는 다양한 스타일링을 제안하고 있다. 2014년에는 뉴욕에 바카라 호텔을 오픈하여 들르는 사람 누구나 바카라의 라이프스타일을 체험할 수 있게 했다. 국내에도 도산대로에 '메종 바카라 서울'을 운영하고 있다. 가서 본다면 매장의 입구에 걸린, 전 세계에 하나밖에 없는 블루 토파즈 제니스 샹들리에에 시선을 빼앗길 수밖에 없을 것이다.

덴마크 브랜드인 루이스폴센louis poulsen도 조명의 인기를 말할 때 빼놓을 수 없다. 국내에 진출한 지 얼마 되지 않아 2020년 성수동에 단독 매장을 낼 정도로 한국에서 성장세가 놀랍다. 인기 제품인 PH 조명은 흔하다는 말이 나올 만큼 여러 곳에서 볼 수 있다. 서울에는 이외에도 많은 조명 브랜드가 진출하여 소비자들의 사랑을 받고 있다.

바카라 투슬라 샹들리에 ©DAZEstudio

브랜드와
라이프스타일의 진화

　오랜 시간 럭셔리 브랜드의 진출을 지켜보면서 나는 럭셔리 브랜드의 진출이 국내에 끼친 긍정적 역할의 하나로 '라이프스타일의 진화'를 꼽고 싶다.

　패션과 뷰티를 중심으로 진출하던 초창기를 벗어나 테이블웨어, 가구, 자동차, 가전, 조명, 오브제 등 줄줄이 소개되는 브랜드는 누가 먼저랄 것 없이 소비자의 일상 속으로 녹아들었다. 이 말은 그저 우리가 비싸고 유명한 제품을 생활 속에서 사용하게 되었다는 의미가 아니다. 럭셔리 브랜드가 소개한 제품은 단지 물건으로만 쓰이는 것이 아니라 제품이 놓이는 맥락과 올바른 사용법까지 '문화'를 동반하기 마련이다. 장인의 솜씨로 빚어진 찻잔을 사용하기 위해 향이 남다른 커피나 티를 찾고, 바카라 화병에 어울리는 꽃장식을 위해 플라워 클래스에 참석하는 식이다.

　꽃장식이라고 하면 플라워 숍인 헬레나 플라워HêLENA FLOWER를 한번 언급하지 않을 수 없다. 사실 럭셔리 브랜드와 꽃은 떼려야 뗄 수 없는 관계를 지닌다. 예전부터 꽃은 브랜드 행사장과 부티크 장식, 고객을 위한 선물 등으로 다양하게 쓰였다. 그런데 2000년대 초반부터 브랜드의 이미지와 컨셉에 맞는 꽃장식을 넘어 생활 속에서 꽃 자체를 즐기는 라이프스타일이 확산되기 시작했다. 이 무렵부터 국내의

품격 있는 플라워 디자인의 대명사 헬레나 플라워

플라워 디자인은 비약적으로 발전하기 시작했고, TPO에 맞는 꽃 시장이 성숙해졌으며, 플로리스트라는 직업이 주목받게 됐다. 이러한 변화에는 국내 플라워 디자인의 선구자 역할을 한 헬레나 플라워의 역할을 배제할 수 없다.

세련되고 품질 좋은 제품을 접하는 소비자는 날이 갈수록 안목을 더해간다. 한껏 올라간 소비자들의 취향을 만족시키기 위해 브랜드는 이전보다 더 수준 높은 제품을 출시한다. 일종의 선순환이 만들어지는 것이다. 이 자연스러운 상생의 과정은 이제 과거와는 비교할 수 없는 수준의 멋진 경험과 디테일로 구체화됐다. 예전에는 감탄만 했던 외국 백화점이 평범하게 보이고, 파리의 디저트 카페보다 한남동 카페의 케이크와 분위기가 더 달콤하게 느껴지며, 발걸음을 멈추게 하는 플라워 숍이 자주 눈에 담기는 것은 어느 날 갑자기 생긴 현상이 아닌 것이다.

일상을 소중하게 혹은 감각적으로 만드는 것은 매력적인 찻잔에 담긴 한 잔의 티, 나만이 알아챌 수 있는 사각거림을 가진 연필 한 자루, 고요한 명상을 깊게 만들어주는 디자인 조명, 그리고 이 모든 것을 품고 있는 나만의 공간일 수 있다. 날마다 멋을 더하는 일상이 얼마나 더 진화할 수 있을지, 라이프스타일 브랜드의 전천후 활동을 기대하는 재미가 특히 쏠쏠하다.

브랜드를 앞서가는
한국 시장의 위상

국내에 럭셔리 브랜드가 본격적으로 선보인 1990년대 중후반에는
럭셔리 브랜드나 제품을 소개하는 홍보와 마케팅 활동이
철저하게 본사의 매뉴얼에 따라 이루어졌다.
정체성과 이미지를 중요시하는 브랜드 입장에서는
나라별 혹은 상황별로 본사의 철학이나 이미지를 달리 할 수 없었다.
판매되는 제품도 본사가 계획하여 생산한 제품 외에
다른 것을 소개하는 일은 벌어져서는 안 되는 사건이었다.
그런데 2000년대 중반 무렵부터 국내 럭셔리 시장에
흥미로운 조짐이 보이기 시작했다.
한국 시장의 정서를 이해한 제품과 마케팅 활동이
조금씩 눈에 띄게 된 것이다.

오리지널리티는
브랜드의 힘

럭셔리 브랜드가 사랑받는 이유 가운데 하나는 일관된 이미지와 제품 품질이다. 전 세계적인 광고 캠페인과 홍보 및 마케팅 방식에도 일관성은 흐트러지지 않는다. 광고 콘셉트와 내용처럼 거시적인 전략은 말할 것도 없고, 기자에게 전달되는 홍보자료를 담은 파일과 봉투마저 본사에서 직접 제작하여 보내오는 일도 많았다. 브랜드 정체성에 대한 아주 작은 균열도 용납하지 않았다.

홍보와 마케팅이 이러한데 제품 자체는 말할 것도 없다. 본사에서 출시를 계획한 제품은 본사가 정한 출시 날짜에 세계 곳곳에서 동시다발적으로 소개되었다. 같은 품질의 제품을 동일한 환경에서 구입할수 있다는 것은 럭셔리 브랜드의 강점이다. 소비자에게 어디에서 무엇을 구입하든지 브랜드의 제품이라면 의심할 여지가 없다는 확신을 주는 전략이다. 럭셔리 브랜드에 대한 동경심이 높았던 시기에는 더없이 합리적인 정책이었다.

그런데 럭셔리 브랜드의 인지도가 높아지고 시장이 확대되면서, 브랜드가 내놓는 제품을 무조건 추종하기보다는 개인의 스타일과 취향에 맞춰 제품을 구입하는 일이 많아졌다. 반대로 브랜드에 각별한 관심을 가진 소비자들이 한국 지사에 다양한 요청을 제기하는 일도 생겼다.

대개의 럭셔리 브랜드는 오랜 역사와 전통만큼 자사 제품에 대한 자부심이 대단하다. 일관성을 유지해야 하는 브랜드 입장에서 받아들이기 어려운 제안이기도 했다. 소비자들의 요청을 이해는 하지만, 이를 받아들이기에는 넘어야 할 산이 무척 많았다.

달라지는 럭셔리 브랜드의
시각과 태도

외국 행사나 취재에서 프레스나 본사 관계자들을 만나면 반드시 들었던 질문이 있다.

"한국 여성은 피부를 어떻게 관리하기에 도자기 같은 상태를 유지할 수 있죠?"
"한국 여성들처럼 어려 보일 수 있는 비법은 무엇인가요?"

내가 만난 많은 유럽의 여성들은 세안 후 간단히 로션이나 크림을 바르고 선크림을 더하는 것으로 피부 화장을 마무리하곤 했다. 그러나 한국 여성들은 대체로 깨끗한 피부를 메이크업보다 우선시하고 스킨케어도 기본적으로 로션-에센스-크림-선크림 등 4~5단계를 거친다. 깨끗한 피부에 대한 열망에 다양한 제품 사용과 습관이 버무려지면서 전 세계적으로 '한국여성=깨끗한 피부'라는 인식이 자리 잡게 됐다. 그 후부터 화장품 럭셔리 브랜드가 한국을 보는 시각이 조금씩 달라지기 시작했다. 한국 여성들의 구매 파워가 높아지고 제품에 대한 이해도와 취향이 세련되었다는 것을 인정하게 된 것이다. 특히 2010년대에 아시아 지역을 중심으로 한류가 부상하면서 한국 드라마와 K-pop이 트렌드를 리드한 것이 주효했다. 아시아 지역에서 한국 여성들의 뷰티 루틴이 하나의 흐름으로 자리 잡으면서 더 많은 브랜드가 한국 소비자의 제안에 귀를 기울이기 시작했다.

자부심이 하늘같았던 럭셔리 브랜드가 한국에서 유행한 아이템을 본사의 라인업에 포함시킨 대표적인 제품이 있다. 바로 '쿠션 팩트'다. 쿠션 팩트는 기존의 콤팩트처럼 바를 때마다 가루가 날리지 않고, 피부에 수분기도 공급해 준다. 2008년 아모레퍼시픽의 아이오페에서 첫 선을 보인 뒤 쿠션 팩트는 상상을 초월하는 인기를 끌었다. 먼저 국내 브랜드들에게 퍼진 뒤, 해외 럭셔리 브랜드에서도 출시되기에 이르렀다.

처음 기획된 제품의 용도와 달라진 사례도 있다. 바로 'BB 크림'이

에스티 로더 더블웨어 소프트 글로우 매트 쿠션

한 럭셔리 브랜드 화장품 관계자는 한국 뷰티 시장에 관해 이렇게 말했다.

"로레알 한국지사에는 한국의 트렌드를 연구하고
이를 바탕으로 신제품을 만드는 조직인 KIC Korea Innovation Center가 구성되어 있습니다.
이를 기반으로 입생로랑 뷰티YSL Beauty와 아르마니 뷰티ARMANI beauty에서도
쿠션 팩트 제품을 내놓았죠.
랑콤의 클라리피끄 세럼도 한국 시장의 트렌드를 반영해 개발됐습니다.
카카오톡에서 판매하는 에스티 로더의 립밤이나
쿠션 팩트 역시 한국 시장의 동향을 살펴 만들어졌습니다."

───────── 에스티 로더 퓨어 컬러 젤리 글로우 밤

다. BB 크림의 원래 용도는 피부과 시술 후 붉어진 피부의 결점을 가리고 피부 재생을 돕기 위함이었다. 그런데 자연스러운 피부 화장을 선호하는 국내 소비자의 지지에 힘입어 필수 아이템으로 떠올랐고, 자연스레 럭셔리 브랜드 제품의 출시로 이어졌다.

럭셔리 브랜드 사이에서 한국은 어느새 트렌드를 리드하고 신제품의 반응을 점치는 시장이 됐다. 본사의 신제품을 전 세계에서 한국에 가장 먼저 공개하는 경우가 빈번해졌다. '한국에서 성공하면 아시아에서 성공한다'는 암묵적인 룰도 생겼다. 지난 30년간 달라진 한국 시장의 위상이 놀랍기만 하다.

더해지는
로컬의 위력

럭셔리 브랜드 도입 초기에는 외국산 제품에 대한 선호와 동경이 지금보다 훨씬 강했다. 제품의 퀄리티와 특성을 알아보기도 전에 'made in Italy'나 'made in France'만 붙으면 우수한 제품으로 인식되던 시절이었다. 오죽하면 선별되지 않은 제품을 유럽산座 혹은 유럽 왕실에 납품하는 제품이라는 문구로 치장하고 판매하다가 사기성 제품으로 판명되는 일도 있었다.

2000년대 초 오너 셰프가 운영하는 레스토랑이 태동하던 시절에 한남동의 부티크 레스토랑을 찾은 적이 있다. 점심과 저녁에 한 팀만 예약 가능한 소규모 고급 레스토랑이었다. 프랑스 코스요리를 선보이는 곳으로 코스 중간 중간에 셰프가 직접 나와서 요리에 대한 설명을 해주었다. 당시 그가 강조했던 것 중 하나는 프랑스산 푸아그라, 러시아산 캐비어 등 재료의 원산지였다. 세계 곳곳의 진미를 한 자리에서 맛볼 수 있다는 것이 당시에는 고급의 상징이었다. 그런데 시간이 흘러 트렌드가 달라졌다. 특정한 나라에서만 생산되는 재료를 제외하고는, 현지에서 구할 수 있는 재료로 요리를 하는 것이 훨씬 신선하고 맛이 좋다고 강조한다. 해외산이면 고급인 것이 아니라 적절한 현지화가 진짜 고급이라는 인식이 확대되고 있는 것이다. 우리가 예전에 해외 유명 레스토랑에서 셰프의 설명으로 들었던 고급 식재료가 사실 그 나라에서는 현지의 재료였던 것과 마찬가지다.

2022년 뱅앤올룹슨에서 신제품 TV를 출시했다. 여기에는 베오 사운드 시어터란 이름을 가진, 뱅앤올룹슨이 자랑하는 탁월한 사운드 바가 장착돼 있었다. 넘볼 수 없는 수준의 음향 장치를 더한 TV가 각국에서 모인 프레스 앞에 등장했다. 뱅앤올룹슨의 야심작을 축하하는 저녁 파티에서 나는 뜻밖의 이야기를 들었다. TV의 패널은 LG 제품을 사용했다는 것이었다. 우리나라의 TV패널 기술을 확인하고는 어찌나 기쁘던지.

럭셔리 브랜드 도입 초기인 1990년대 중후반에는 최고급 가전제품도 유럽과 미국산이 주류를 이루었다. 냉장고는 월풀이나 GE, 식기

세척기는 밀레를 찾는 식이었다. 그런데 럭셔리 브랜드 가전이 소개되기 시작한지 채 20년이 지나지 않아 한국 브랜드가 내놓은 가전제품이 최고급 가전의 지위를 대체하기 시작했다. 2016년 LG에서 선보인 시그니처 라인은 가히 럭셔리 가전의 모범 답안이라고 할 만하다. 기존의 제품과 다르게 미니멀하고 우아한 디자인에 가전의 생명인 우수한 기능성을 더하여 국내 최고급 가전 시장을 이끌었다. 이 제품이 인상 깊었던 점은 가전제품을 집 안의 인테리어 요소로도 접근했다는 것이었다. 가전을 기능과 성능뿐만 아니라 미학적인 면에서도 평가할 수 있게 만든 것이다. 이는 국내 소비자들의 안목과 선구안이 깊게 반영된 결과였다.

지금도 다이슨을 비롯한 외국의 유명 가전은 국내에서 인기를 끌고 있으며 세련된 디자인과 기능으로 소비자를 사로잡고 있다. 그 전과 달라진 점이라면 본사에서 만들어진 제품을 한국 시장에 내놓은 이후에도 한국 소비자의 요구를 다각도로 수용하여 후발 제품에 반영한다는 것이다. 한국 소비자의 요청이 매출에 긍정적인 결과를 가져온다는 것을 경험으로 알기 때문이다.

뱅앤올룹슨 베오비전 시어터2

현명해진
소비자의 선택

한국 시장에서 선풍적인 인기를 기대했으나 막상 출시 이후 초라한 성적을 거둔 브랜드도 적지 않다. 이들의 공통점은 트렌드가 다소 지나서 상륙했거나, 국내 소비자의 성향보다는 본사의 정책만을 고집했다는 점이었다. 반대로 한국이 럭셔리 브랜드의 주요 시장으로 부상하면서 전향적인 태도를 보이게 된 브랜드들도 있다. 어떤 브랜드는 '한국 한정품'으로 제품을 내놓기도 했다. 소비자 입장에서는 고마운 일이지만, 이러한 시도도 시장과 고객을 예민하게 살피고 연구하지 않으면 성공하기 어렵다. 각 나라의 정서와 문화, 예술에 대한 조예 없이 피상적인 현상을 전체적으로 해석하여 제품을 내놓아 실패한 경우도 여럿이다.

그러나 몇몇 럭셔리 브랜드는 한국 시장에 안착한 이후 자사의 DNA를 유지하면서도 로컬의 반응을 적절히 수용하는 태도를 통해 각국의 고객을 배려하곤 했다. 덴마크의 왕실 도자기인 로얄 코펜하겐 ROYAL COPENHAGEN은 은은하고 품격 있는 디자인과 장인의 손길로 완성되는 제품으로 1990년대 국내에 상륙한 이래 높은 인기를 끌었다. 사랑받는 제품일수록 고객은 좀 더 생활에 밀접하게 사용하고픈 욕심이 생기기 마련이다. 그러나 서양식 요리 위주의 제품을 매일 사용할 수 없는 노릇이었다. 이에 2013년 로얄 코펜하겐은 밥공기, 국공기와 찬기를 중심으로 한 첫 번째 한식 컬렉션을 내놓았다. 이어 2022년에는 한식 오발 딥 볼을 선보였다. 블루 플레인을 위시한 3개 라인에서 내놓은 제품은 한식 요리에 찰떡임은 말할 것도 없다. 한국에서의 높은 인기를 한국 문화와 정서를 배려한 제품으로 보답한 셈이었다. 로얄 코펜하겐의 사례를 보면, 제품에 진심인 소비자와 그에 걸맞은 사려 깊은 제품으로 보답하는 브랜드의 공생이 고객과 브랜드의 바람직한 관계 맺음이라는 사실은 두말할 필요도 없어 보인다.

화려함과 가치는
반대말이 아니다

럭셔리 브랜드가 흔히 듣는 말들이 있다.

"화려하고 고급스러운 제품만 만든다."
"가격이 말도 못하게 비쌀 것이다."

전혀 틀린 말은 아니다.
심지어 "럭셔리 브랜드는 '그들만의 세상'을 추구하기 때문에
사회 전체의 권익과 가치에 대해서는 무관심하다."라는 말도 듣는다.
이런 의견들이 선입견인지 아닌지, 선입견이 아닌 경우라도
얼마만큼이나 맞고 틀린지는 세상에 존재하는 럭셔리 브랜드의 수만큼
할 얘기가 많을 것이다. 그만큼 브랜드마다 상황이 천차만별이다.
그러니 여기서는 조금 더 눈여겨볼 만한 사례들,
특히 시간이 흐를수록 사회를 위한 역할과 책임을 진지하게 고민하는
럭셔리 브랜드들의 모습과 그 변화의 원인에 관해 살펴보자.

공정한 과정과
환경에 대한 관심

아름답고 희소한 제품을 보면 우선 눈이 즐겁다. 쉴 새 없이 럭셔리 브랜드의 제품이 쏟아져 나올 때는 새로운 제품과 기능을 알아가기에도 바쁘다. 그런데 웬만큼 브랜드와 제품에 익숙해지고 나니, 그 제품을 어떻게 만들었는지, 재료는 어떻게 구했는지, 생산 과정에서 남다른 점은 무엇인지 등 특별한 과정과 스토리가 있는지 알고 싶어진다.

소비자의 관심사가 이렇듯 변하는 이유는 물론 시장의 성숙도에도 좌우되지만, 소비자 자체의 변화와 현재 그들이 처한 상황의 변화에서 더욱 큰 원인을 찾을 수 있다. 현재 럭셔리 시장의 새로운 축으로 떠오르는 MZ 세대는 자신이 사용하는 제품이 우수한 품질을 가지고 있으면서 동시에 사회적으로도 가치 있는 제품으로 인정받기를 원한다. 소비 자체를 자신의 정체성을 표현하는 행위로 인식하는 것이다. 그러다 보니 제품과 브랜드의 사회적이고 윤리적인 책임과 역할까지

고려하여 선택하는 소비자가 늘어났다. MZ 세대의 가치관이 이전과 다른 이유는 이들의 높은 윤리 수준에도 원인을 찾을 수 있겠지만, 그보다는 이들이 직면한 사회와 환경이 그만큼 생존에 우려를 주고 있다고 볼 수 있다. 자원을 무제한으로 끌어다 쓰고 무한 경쟁을 긍정했던 이전 세대와는 처한 현실 자체가 다른 것이다.

그 결과 이미 많은 럭셔리 브랜드가 제품의 기획, 디자인, 생산, 출시에 이르는 과정에서 지속가능하며 공정하고 윤리적인 방식으로 제품을 생산하고 있다. 특히 재료나 원료를 특정 장소나 환경으로부터 수급하여 생산하는 제품은 재료를 조달받는 지역, 공급에 동원되는 인력에 대한 세심한 관리를 진행한다. 과거에는 지역 사람들의 이익을 도외시한 채 재료를 얻는다든가 불법으로 나이가 어린 아이들을 일꾼으로 쓴다거나 하는 일이 있었지만 지금은 거의 사라졌다.

티파니는 2000년에 '티파니 재단'을 설립하여 지구를 이롭게 하는 세계 주요 단체를 지원하고 있다. 재단을 통해 해양 보호, 산호초 보호, 자연경관 보존 등에 힘을 쓴다. 특히 원석 채굴에 있어서는 공정무역거래에 집중하는데, 채굴해서 세팅하는 0.18 캐럿 이상의 다이아몬드의 산지 정보를 공개하는 '다이아몬드 소싱 이니셔티브'를 준수한다. 원석을 구매할 때도 오직 공정거래무역을 통해 생산된 원석만 취급한다.

한때 일부 다이아몬드 광산에서는 강제 노동, 아동 노동, 열악한 작업환경 등으로 인권침해가 발생했다. 이렇게 생산된 다이아몬드는

공정한 프로세스에 따라 제작되는 티파니 다이아몬드 링

'블러드 다이아몬드'라 불리며 무장단체의 자금 조달 수단으로 사용되기도 했다. 이러한 상황을 막고자 2003년에는 블러드 다이아몬드의 유통을 금지하기 위하여 다이아몬드 원석의 수출입에 대한 사항을 협의 조정하는 국제적인 협의체인 '킴벌리 프로세스Kimberley Process'가 결성되었다. 우리나라도 2003년부터 참가하고 있다.

까르띠에는 2022년 케링KERING 그룹과 함께 '워치&주얼리 이니셔티브 2030'을 론칭했다. 기후 회복력 구축, 자원 보존, 포용력 증진이라는 공동의 목표를 추구하기 위한 플랫폼이다. 반짝거리는 주얼리처럼 맑고 아름다운 과정을 지키기 위한 브랜드의 노력이다.

환경을 위한 브랜드의 활약은 패션 브랜드에서도 활발히 진행됐다. 구찌는 2017년부터 모피 사용을 중단했고, 프라다는 2019년부터 유네스코와 협력하여 해양 보호 교육 프로그램인 '씨 비욘드Sea Beyond'를 진행하고 있다. 국내에서는 지난 2012년 코오롱 인더스트리의 FnC 부분에서 론칭한 래;코드RE;CODE의 행보가 주목할 만하다. 래;코드는 계열사에서 발생한 옷과 텐트 등의 재고를 해체와 재가공을 통해 근사한 컬렉션으로 변신시키는 활동을 펴고 있으며, 국내 업사이클링 패션의 대표로서 마니아를 형성하고 있다. 첫 컬렉션을 소개했을 때 주변에서는 "취지는 좋으나 지속가능한 비즈니스가 될 수 있을까?"라는 우려를 제기했으나 이를 불식시키며 2023년에는 청담동에 플래그십 스토어를 오픈했다.

사회 구성원으로서의
노력

럭셔리 브랜드의 사회적인 역할을 말할 때 늘 따라오는 표현은 '노블레스 오블리주'다. 사회적인 지위에 상응하는 도덕적인 의무를 가리킨다. 보통 사람에게 적용되는 용어지만, 국내 시장에서 많은 이익을 벌어들인 럭셔리 브랜드에게 은근히 기대하는 것이기도 했다. 실제로 럭셔리 브랜드들은 사회 구성원으로서 역할을 하기 위해 다방면의 노력을 펼쳤다.

불가리는 2009년 창립 125주년을 맞이하여 국제 구호기구인 '세이브더칠드런'과 함께 아이들을 위한 후원사업을 해왔다. 당시 브랜드의 공익 캠페인이 흔하지 않았던 시기라 더욱 이목을 끌었던 것으로 기억한다. 2019년에는 세이브더칠드런과의 파트너십 10주년을 기념하여 세이브더칠드런 주얼리 컬렉션을 출시하여 판매 수익금의 일부를 기부했다. 이 파트너십을 통해 37개국에서 약 200만 명 이상의 아동이 교육과 지원을 받았다. 2024년에도 파트너십 15주년을 기념하여 '#위드미위드유' 캠페인을 전개해 새로운 세이브더칠드런 컬렉션을 통해 얻은 수익금 일부를 아동보호를 위해 기부했다. 2019년부터는 로마 근교에 '푼토 루체 델 아티'를 설립하여 매년 6세~18세의 아동과 청소년 1000여 명에게 예술 관련 교육 프로그램을 제공하고 있다.

최근에 전 세계적으로 기업의 ESG 활동이 부각되면서 '다양성의 존중'에 대한 논의가 활발해진 것은 사실이다. 특히 여성 활동에 대한 지원이 많아졌는데, 일례로 국내에서는 2020년 시행된 개정 자본시장법에 따라 자산 총액이 2조 원 이상인 기업은 사외이사를 남성으로만 구성할 수 없도록 규정하고 있다. 통상적으로 남성이 독식하던 사외이사에 법으로 성의 다양성을 권고한 것이다. 그간 나는 럭셔리 브랜드를 취재하면서 국내외 할 것 없이 탁월한 여성들과 함께 일할 수 있어서 여성들이 기업에서 겪는 유리 천장이나 차별에 대해 무심했다. 섬세하고 감각적인 업무 역량을 가진 인재를 선호하는 럭셔리 브랜드 업계는 여성들에게 인기 있는 분야이며, 실력 있는 여성들이 다수 진출한 것이 사실이다. 그런데도 2020년 피터슨 국제경제연구소의 조사에 따르면, 주요 기업 여성 CEO의 비율은 1997년 3%에서 2017년 6%로 증가한 정도이니 갈 길이 먼 셈이다.

까르띠에가 2006년부터 진행하고 있는 '까르띠에 여성 창업 이니셔티브'는 여성을 위한 사회공헌 프로그램이다. 여성의 독립적인 창업을 지원하는데, 전 세계에서 여성이 운영하거나 소유한 기업 중 사회 및 환경적 영향을 추구하는 기업을 대상으로 한다. 선정된 펠로우에게는 재정지원, 맞춤형 멘토링, 리더십 개발 프로그램, 글로벌 네트워킹의 기회를 제공하며, 9개의 지역 어워드와 2개의 주제별 어워드로 구성된다. 여기에 한국 여성들의 기업이 종종 수상 후보권에 올랐는데, 2024년에는 한국의 섹슈얼 웰니스 브랜드 '세이브앤코'의 박지

원 대표가 동아시아 지역의 1위를 차지하기도 했다.

문화와 예술에 대한
후원

　로컬의 문화와 아티스트를 지원하는 것도 럭셔리 브랜드가 힘써온 부분이다. 에르메스는 일찌감치 2000년에 '에르메스 재단 미술상'을 제정하여 한국의 유망한 현대미술작가를 발굴하고 후원해 왔다. 이 상은 특히 영어나 프랑스어로 표현하지 않고 'Missulsang[미술상]'이라고 표기하여 로컬에 대한 예우를 나타내고 있다. 2016년부터는 격년제로 운영되고 있는데, 그간의 수상자는 장영혜, 김범, 박이소, 서도호, 박찬경, 장민승, 류성실 등 면면이 화려하다. 한국을 대표하는 현대미술가 양혜규가 최종 후보였을 정도로 아티스트의 각축장으로 이름이 높다. 외국 기업 최초로 제정한 미술상으로 이후 많은 기업의 미술상을 탄생시키고, 럭셔리 브랜드의 예술 지원 프로그램의 모델을 제시했다고 평가된다. 개인적으로는 한국 현대미술에 대한 관심을 끌어올린 것이 이 상의 또 다른 의미라고 말하고 싶다. 2001년 현대 갤러리의 전시장에 TV를 도열해 놓은 수상자 김범의 작품을 접하면서 현대미술의 의미를 찾으려 노력했던 기억이 선명하다.
　1992년부터 시작되어 2019년까지 지속된 몽블랑의 문화예술후원자 상도 문화예술 지원에서는 빼놓을 수 없는 프로그램이다. 문화예술 분야에서 헌신적으로 활동한 후원자들의 공로를 기리는 상으로 한국을 포함한 전 세계 17개국에서 수상자를 선정한다. 한국에서는 가나 아트와 서울 옥션의 이호재 회장, 파라다이스문화재단의 최윤정 이사장, 현대카드 정태영 부회장이 수상자로 선정된 바 있다. 아티스트가 아닌 후원자를 대상으로 했다는 점에서 '후원'의 의미를 각별히 살린 상이라고 생각된다.

앞서 살펴보았듯이 브랜드들은 사회의 일원으로서 나름의 윤리 규정을 준수하고, 자신들의 가치와 상황에 맞추어 다양한 후원과 지원활동을 펼치고 있다. 한때는 이 같은 활동이 마케팅 수단이라고 치부된 적도 있었다. 거창한 포부와 달리 금세 사그라지거나 취지에 맞지 않은 수상자를 선정하는 등의 행보가 목격되면 그런 평가를 받았다. 그러나 이제 높아진 소비자의 눈높이와 시시각각 달라지는 글로벌 사회 및 환경의 변화는 표면적인 활동을 인내할 만큼 호락호락하지 않다. 인터넷으로 촘촘히 연결된 네트워크 안에서는 정보와 소식의 확산도 빠르고 숨기기도 어렵다. 진심 없이 꾸밈으로 행동한다면 금세 소비자의 외면을 받게 된다.

누구나 처음에는 외모에 반하지만 관계를 이어가는 힘은 내면에서 나온다. 화려함을 표방하는 럭셔리 브랜드도 진심으로 가치를 추구해 나가야만 소비자와의 오랜 관계를 이어갈 수 있을 것이다.

몽블랑은 문화예술후원자상과 연계하여 수세기 동안
문화예술 발전에 기여한 후원자들의 업적을 기리기 위해
매년 문화예술후원자 만년필 에디션을 선보인다.

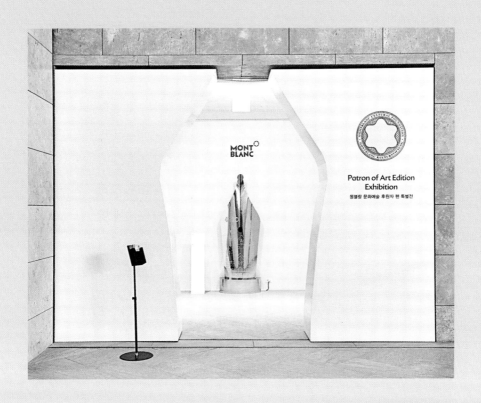

——————— 몽블랑의 2018년 문화예술후원자 에디션 전시 전경

UNVEIL
: 성공하는 브랜드의 조건

럭셔리 브랜드는 단지 제품의 소유를 넘어 우리의 라이프스타일 전반에 영향을 미친다. 감각적인 디자인의 장신구부터 도시를 빛내는 플래그십 스토어까지, 우리는 럭셔리 브랜드를 다양한 방식으로 경험한다. 제품을 소유하고 있든 아니든, 관심이 있든 없든 간에 럭셔리 브랜드는 지금 우리의 일상 속에 자연스럽게 녹아들어 있다.

그런데 사실 내가 에디터로 일하기 시작한 1990년대만 해도 '브랜드'라는 개념조차 생소했다. 그저 '품질 좋은 고가 제품을 만든 외국 기업' 정도로 인식되는 경우가 많았다. 그랬던 럭셔리 브랜드는 어떻게 일상의 일부, 나를 표현하는 수단, 신뢰와 애정의 대상으로 변모했을까?

수많은 럭셔리 브랜드의 본사와 행사를 취재하면서 나는 럭셔리 브랜드가 성공한 이유를 점차 이해하게 됐다.

첫째는 '확신'이다. 오랜 역사를 지닌 럭셔리 브랜드는 자신의 제품과 노하우에 강한 확신을 가지고 있으며, '우리가 최고'라는 메시지를 다양한 방식으로 전달한다.

둘째는 '집착'이다. 최고가 되기 위해 럭셔리 브랜드는 디테일을 추구하고, 이를 놓치지 않기 위해 집착한다. 까르띠에 하이 주얼리 워크숍 디렉터였던 자비에 가르가는 언젠가 공방을 방문한 나에게 "최고의 하이 주얼리는 뒷면이 더 아름답다"라는 말을 한 적이 있다. 몇 년 후 서울에서 다시 만났을 때 그는 내가 착용한 브로치가 예쁘다며 자연스럽게 뒷면을 살폈다. 이처럼 보통 사람이라면 잘 들여다보지 않을 부분까지 세심하게 신경쓰고, 제품뿐만 아니라 패키지와 전달 방식까지 집착하는 것이 럭셔리 브랜드의 태도다.

셋째는 '혁신'이다. 럭셔리 브랜드가 오랜 역사를 가졌다고 해서 과거의 영광에만 기대는 것은 아니다. 오히려 지속적인 도전과 혁신을 통해 새로운 방향을 모색한다. 패션계의 신화적 존재인 고故 칼 라거펠트는 샤넬을 이끄는 동안 전통 공방을 인수하며 사라져가는 장인 기술을 보존하는 데 투자와 노력을 기울였고, 그러면서 2017년 샤넬 F/W 레디투웨어 쇼에서는 로켓 발사대를 세우고 미래적인 요소를 가미한 의상을 선보였다. 선두 자리를 지키기 위한 럭셔리 브랜드의 다면적인 노력을 단적으로 보여준 사례다.

'철저한 자기 확신', '디테일에 대한 집착', '끊임없는 혁신'. 이 세 가지 요소가 합쳐져 럭셔리 브랜드의 철학과 스토리가 된다. 이를 고객에게 전달하는 과정마저 놓치지 않는 모습을 보면 브랜드의 성공은 너무나 당연하게 여겨진다.

오늘날 럭셔리 브랜드는 더 이상 경제적으로나 문화적으로 여유가 있는 특정 계층의 전유물이 아니다. 누구나 자신의 취향에 따라 럭셔리 제품을 선택하고 즐길 수 있는 시대가 됐고, '럭셔리 브랜드'라는 단어조차 일상적으로 쓰일 만큼 익숙해졌다. 하지만 그렇기에 오히려 지금이야말로 럭셔리 브랜드가 추구해 온 가치와 철학을 깊이 이해하고 공유하려는 노력이 필요하다고 생각한다. 단순히 제품을 소비하는 것을 넘어, 브랜드가 가진 스토리와 철학을 이해하는 것이 진정한 럭셔리를 경험하는 방법이기 때문이다.

에르메스 문화유산 디렉터 메네울 드 바젤레르 뒤 샤텔르는 "과거는 미래를 위한 선물입니다."라고 말했다. 그녀의 이 한마디는 이 책을 집필하는 데 큰 격려가 됐다. 단지 지난 시간을 회고하려는 것이 아니라, 내가 쌓아온 경험과 지식이 럭셔리 브랜드를 감상하는 데 작은 도움이 되기를 바라는 마음으로 이 여정을 시작했다. 이 책을 통해 럭셔리 브랜드와 제품이 담고 있는 창조성과 혁신, 시대를 초월한 가치를 발견할 수 있기를 바란다.

집필 과정에서 아낌없는 조언과 도움을 주고, 소중한 경험을 할 수 있는 기회를 제공해 준 「노블레스」와 브랜드, 관계자들에게 깊은 감사를 전한다. 그들의 열정과 노력이 없었다면 럭셔리 브랜드가 지금처럼 우리 삶 속에 깊이 자리 잡을 수 없었을 것이다. 또한 책을 쓰는 계기를 만들어준 강승민 님에게도 감사를 전하고 싶다. 그리고 이 모든 일을 가능하게 해주신 하나님과 양가 부모님께 깊은 감사의 말씀을 드린다.

이윤정

INDEX

참고문헌

사이트

www.apgroup.com
www.audemarspiguet.com
Baccarat
bulgari.com
kr.burberry.com
www.cartier.com
www.elcakorea.com
www.hermes.com
kr.louisvuitton.com
www.montblanc.com
www.omegawatches.co.kr

www.royalcopenhagen.com
Salvatore Ferragamo Korea
Senatus.net
www.tiffany.com
Tod's Korea
UCCA Beijing
www.vacheron-constantin.com
뱅앤올룹슨 공식블로그
www.nongaek.com
www.wikipedia.org

도서

『코코 샤넬』(2002), 앙리 지델 지음, 작가정신 펴냄.

사진 제공

AUDEMARS PIGUET / BVLGARI / Baccarat / BANG & OLUFSEN / Boffi / BOUCHERON / Cartier / ESTÉE LAUDER / FENDI / FERRAGAMO / GUCCI / HēLENLA FLOWER / Hermès / LA MER / LANCÔME / LOUIS VUITTON / MONTBLANC / OMEGA / PIAGET / PRADA / Tiffany & Co. / TOD'S / VACHERON CONSTANTIN / VALENTINO

이윤정

1993년부터 2023년까지 하이엔드 라이프스타일 매거진 「노블레스」의 기자와 편집장으로 일했다. 「UNVEIL」은 명품 불모지였던 대한민국이 여러 글로벌 하이엔드 브랜드가 주목하는 시장이 되기까지, 가장 가까이에서 그 현장을 취재하고 지켜봐온 그녀의 경험과 인사이트를 담은 책이다.
제45회 한국잡지언론상 기자 부문을 수상했고, 럭셔리 브랜드에 관한 다양한 주제로 대학과 기업 등에서 강의를 진행했다. 현재는 브랜드와 관련한 다양한 콘텐츠를 제작하고 있으며 DL㈜의 사외이사로 활동하고 있다.

UNVEIL

언베일 우리가 사랑하는 명품의 비밀

초판 1쇄 발행 2025년 4월 7일

지은이 이윤정
펴낸이 신현만
펴낸곳 ㈜커리어케어 출판본부 SAYKOREA

출판본부장 박진희
편집 양재화 손성원
마케팅 허성권
디자인 어나더페이퍼

등록 2014년 1월 22일 (제2008-000060호)
주소 03385 서울시 강남구 테헤란로87길 35 금강타워3, 5-8F
전화 02-2286-3813
팩스 02-6008-3980
홈페이지 www.saykorea.co.kr
인스타그램 instagram.com/saykoreabooks
블로그 blog.naver.com/saykoreabooks

ⓒ ㈜커리어케어 2025
ISBN 979-11-93239-24-7 03320